Natalie Stadelmann ✿ Baby isst mit

Für Lina

Natalie Stadelmann

Baby isst mit

Schlau kochen für die
ganze Familie

Fotos von Simon Vollmeyer
Foodstyling Johannes Schalk

edition styria

Inhalt

Vorwort 6
Hinweise für den Gebrauch des Buches 8
Buntes Essvergnügen für die ganze Familie 10
Allergien vorbeugen 27
Jahreszeitenkalender für Gemüse und Obst 34

FRÜHSTÜCKSIDEEN 36
KÖSTLICHE SUPPEN 54
HAUPTGERICHTE · VEGETARISCH 64
HAUPTGERICHTE · MIT FLEISCH 88
HAUPTGERICHTE · MIT FISCH 100
SÜSSE HAUPTSPEISEN 110
FÜR ZWISCHENDURCH 116
BACKEN UND KNABBERN 134

Anhang
Babybrei-Rezepte nach Lebensmonaten 146
Rezepte für die Großen von A bis Z 148

Vorwort

Kaum klappt es mit dem Stillen – die junge Familie hat sich aneinander gewöhnt und die mehr oder weniger unruhigen Nächte gehören zum Alltag –, kommt schon die nächste Herausforderung auf die Eltern zu: Was darf und kann unser Kind schon essen? Was ist wirklich gesund? Was schmeckt ihm, und wie muss es zubereitet werden? Seit Generationen bewegen diese Fragen junge Familien. Doch viel Wissen ist im Laufe der letzten Jahrzehnte verloren gegangen: zum einen durch Verwendung industriell vorgefertigter Gerichte oder industriell veränderter Nahrungsmittel, zum anderen weil die meisten Mütter und Väter das Zubereiten von Baby- und Kleinkindkost in der eigenen Familie selbst nicht vorgelebt bekamen. In den Großfamilien war das früher noch üblich.

Das vorliegende Kochbuch für die ganze Familie liefert Ihnen Antworten auf Ihre Fragen. Fachlich kompetent klärt die Autorin auf, was Babys und Kinder in welchem Alter essen dürfen und wie die Eltern es am besten zubereiten. Jede Seite zeigt: Hier wird keine Theorie vermittelt, sondern das Kochbuch ist aus eigener Erfahrung am Küchenherd entstanden – **von** und **mit** und **für** Familien mit Kindern. So schmeckt Essen, macht der ganzen Familie Spaß und alle treffen sich gerne zu den gemeinsamen Mahlzeiten am großen Tisch.

Doch nicht nur die Zubereitung, auch die Qualität der Lebensmittel spielt eine wichtige Rolle. Beim Lesen des ersten Kapitels wird deutlich, dass die sorgfältige Auswahl der Zutaten, die Qualität der Produkte für ein gesundes Essen sehr wichtig sind. Wenn die Eltern sich ein wenig mit Lebensmittelkunde beschäftigt haben, also etwa wissen, welches Speiseöl ein hochwertiges Lebensmittel ist, sieht der Einkaufszettel gleich anders aus. Auch dazu liefert das Buch Informationen, ebenso wie zu dem brisanten Thema möglicher Lebensmittelallergien, auf das die Autorin kurz und prägnant eingeht. Hier spricht die Fachfrau aus der Pharmazie.

Mit dem Textabschnitt »Auf dem Weg zum Familientisch – ein Abenteuer für Groß und Klein« trifft die erfahrene Mutter zweier Kleinkinder sicher mitten ins Schwarze. Folgen Sie ihren Worten und nutzen Sie das Buch als Wegweiser beim Abenteuer »Essen am Familientisch«. Es ist wichtig und wertvoll, dass Kinder das Genießen mit allen Sinnen – schlürfen, schmatzen, »Essen fassen« – lernen dürfen. Und wenn Oma oder Opa meinen: »Also so eine Sauerei am Essenstisch, wo gibt es das denn?«, werden Sie überzeugt antworten: »Bei uns!« Warum sollten unsere Kinder die kleinkindgerechten Hochstühle mit waschbarer Plastikschale und die großen, ebenfalls waschbaren Stofflätzchen nicht wirklich nutzen dürfen. So lernt das Kind, vom Fingerfood bis zum Essen mit Löffel und Gabel, spielerisch und genussvoll.

Dieses Buch wird Ihnen tatsächlich helfen, gutes und kinderfreundliches Kochen und Essen umzusetzen, und zeigt, dass dies gar nicht so schwierig ist. Es finden sich einfache Rezepte vom Mandelpfannkuchen mit Beerenfüllung über vegetarische Kohlrabischnitzel mit Kartoffelsalat bis hin zu Fleischgerichten wie dem Rote-Bete-Lamm-Gulasch. Für Fischliebhaber gibt es Fenchel-Lachs-Tagliatelle und Süßspeisenfans werden den Birnen-Nuss-Rahmstrudel ebenso genießen wie die Amaranth-Reis-Aprikosen-Kokoskugeln, die – liebevoll vom Papa hergestellt – als Energiekugeln stillenden Mamas wieder neue Kräfte geben können.

Nun hoffe ich, Sie sind mit mir einer Meinung: Es gibt auch eine Gourmetküche für Familien mit Kindern. Und: Erziehung ist Vorleben – gemeinsames Kochen die Grundlage einer glücklichen Familie. Denn Liebe geht nun mal durch den Magen.

Ihre Ingeborg Stadelmann

Wiggensbach, Januar 2014

Hinweise für den Gebrauch des Buches

Breimahlzeiten Die gängige Verteilung der Breimahlzeiten ist: mittags Gemüsebrei, nachmittags Obst-Getreide-Brei, abends Milch-Getreide-Brei. Allerdings können Sie durchaus die Verteilung der Breimahlzeiten an Ihren Tagesablauf anpassen. Deshalb finden Sie in diesem Buch auch einige Frühstücksideen, Nachmittags- und Abendbreie sowohl mit Obst-Getreide als auch mit Milch-Getreide.

Beikostöl In den Rezepten wird immer wieder der Begriff Beikostöl erwähnt. Damit sind kaltgepresste Pflanzenöle aus biologisch kontrolliertem Anbau, die in dunklen Glasflaschen erhältlich sind, gemeint. Bevorzugen Sie Raps- oder Olivenöl im Gemüsebrei und Walnuss- oder Leinöl im Wechsel mit Butter im Obstbrei. Einige Hersteller, etwa Holle oder Byodo, bieten auch fertige Zubereitungen verschiedener hochwertiger Öle als Beikostöle an.

Saft- und Obstbeigabe Bei allen Hauptgerichten ab dem 8. Monat können Sie – wie in den Rezepten angegeben – statt der Saftbeigabe für das Baby alternativ ein Stück weiches Obst oder frisches Obstmus zum Nachtisch reichen.

Backofen Die jeweils angegebenen Temperaturen sind für einen Ofen ohne Umluft berechnet. Bei Verwendung von Umluft ziehen Sie bitte jeweils 20 °C ab.

Mengenangaben Die in den Rezepten angegebenen Mengen sind der Genauigkeit halber fast alle in Gramm (g) und Milliliter (ml) ausgedrückt. Wenn in einigen Fällen von Esslöffeln oder Teelöffeln die Rede ist, sind immer gestrichene Esslöffel/Teelöffel gemeint.
Wenn Sie mehr zu Maßeinheiten in der Küche wissen möchten, schlagen Sie im Internet z.B. unter folgenden Adressen (Stand Februar 2014) nach:

www.chefkoch.de/magazin/artikel/500,2/Chefkoch/Loeffelmass-in-Gramm.html
www.test.de/Loeffel-Einheit-Mass-halten-beim-Kochen-und-Backen-1134670-1133767/

Papa Mama Kind Kind Baby

Diese Symbolfiguren über den Rezepten zeigen an, für wie viele Personen sie berechnet sind: Alle Rezepte in diesem Familienkochbuch sind Kombi-Rezepte, die in der Regel für einen Erwachsenen, ein Kind und ein Baby berechnet sind. Denn meist kann sich nur ein Elternteil um die Betreuung der Kinder kümmern. Das ist oft schon beim Frühstück so. Wenn zwei Erwachsene an den Mahlzeiten teilnehmen können und wollen, dann fügen Sie bitte den jeweils angegebenen Mengen ca. 50 bis 75 Prozent hinzu. Für jedes hinzukommende (Klein)kind erhöhen Sie die Mengen um etwa 30 bis 40 Prozent.
Um die Zusammensetzung der verschiedenen Breie für das Baby auch optisch klar zu kennzeichnen, finden Sie in diesem Buch bei den Breien folgende Schreibweise:
›Obst-Getreide-Brei‹ oder ›Brokkoli-Apfel-Kartoffel-Brei‹. Zur leichteren Lesbarkeit schreiben wir aber ›Gemüsebrei‹ oder ›Grießbrei‹ und nicht ›Gemüse-Brei‹ oder ›Grieß-Brei‹.

»Die Welt wird jedes Mal neu erschaffen, wenn ein Kind geboren wird. Geboren zu werden bedeutet, dass uns eine ganze Welt geschenkt wird.« Jostein Gaarder

Buntes Essvergnügen für die ganze Familie

Mit der Geburt eines Kindes ändert sich das Leben der Eltern in vielerlei Hinsicht. Der Tagesablauf verändert sich erheblich. Und mit jedem neuen Familienmitglied treten wieder Veränderungen ein. Jedes Kind zeigt schon sehr früh seine eigene Persönlichkeit und prägt den Familienalltag mit. Wir Eltern möchten für unsere Kinder nur das Beste, wollen sie individuell in ihrer Entwicklung fördern, ihre Begabungen erkennen.

Spätestens mit Beginn der Beikost, etwa zwischen dem 5. und 7. Monat, wenn das Baby für ein gesundes Wachstum mehr braucht als Muttermilch und/oder Säuglingsmilch, rücken die gemeinsamen Mahlzeiten in der Familie in den Mittelpunkt. Das gemeinsame Essen ist ein wichtiges Ritual für die Kinder, das ihnen Sicherheit gibt und die Gewissheit, entspannt die volle Aufmerksamkeit der Eltern genießen zu können. Und das gemeinsame Essen gibt uns als Eltern die Möglichkeit, nicht nur die Essgewohnheiten des Kindes, sondern auch sein Verhalten im Zusammensein mit anderen von Anfang an positiv beeinflussen zu können.

Das Baby ist unvoreingenommen neugierig auf die vielen interessanten Nahrungsmittel und Speisen, die sich ihm bieten. Diese kindliche Entdeckerfreude können wir nutzen, um die kleinen Esser schon früh an eine natürliche, ausgewogene und gesunde Kost heranzuführen. Sie erlernen dabei auch den entspannten, aber bewussten Umgang mit Lebensmitteln. Diese ersten Erfahrungen mit dem Essen prägen den Menschen für sein ganzes Leben, stellen die Weichen für Gesundheit und Wohlergehen.

Ein Kind, das von Anfang an den Geschmack frischer und natürlicher Lebensmittel kennengelernt hat, wird das Einheitsaroma industrieller Fertignahrung nicht schätzen. Wenn wir uns als Eltern bewusst dafür entscheiden, die Beikost für unsere Kinder mit frischen Zutaten selbst zuzubereiten und naturbelassene Geschmackseindrücke zu vermitteln, haben wir vielleicht ein klein wenig mehr Arbeit, aber erzielen wunderbare Erfolge.

Die Erfahrung zeigt, dass wir beim zweiten, dritten und eventuell bei weiteren Kindern häufiger zum Fertigglas greifen, da der Familienalltag aufwändiges und zeitraubendes Kochen nicht zulässt. Doch eine gesunde Ernährung für die ganze Familie muss nicht zeitaufwändig sein. Meine Lösung ist: Kombi-Rezepte für die ganze Familie, in einem Arbeitsgang zubereitet.

So ist dieses Buch entstanden. Die Zubereitung des Babybreis oder der Beikost lässt sich ganz einfach mit der Zubereitung einer vollwertigen und leckeren Mahlzeit für alle kombinieren. Die Vorteile sind eindeutig: Sie sparen Zeit und Geld, Ihr Baby lernt von Beginn an eine ausgewogene, gesunde Kost kennen und nimmt als vollwertiges Familienmitglied an den gemeinsamen Mahlzeiten teil. Und nebenbei verwöhnen Sie die anderen Familienmitglieder mit schmackhaften Gerichten.

Wenn Mutter, Vater und älteres Kind sichtlich Spaß und Genuss beim gemeinsamen Essen haben und es auch zeigen, wird das Baby dieses positive Essverhalten früh verinnerlichen und ein gesundes Verhältnis zu vollwertigem Essen entwickeln. Nehmen Sie sich ausreichend Zeit für die gemeinsamen Mahlzeiten und genießen Sie miteinander die kulinarischen Entdeckungsreisen.

Grundlage für die gemeinsame Ernährung ist eine vielseitige, farbenfrohe und abwechslungsreiche Mischkost, bestehend aus fünf Portionen Obst und Gemüse, kombiniert mit vollwertigen Getreideprodukten, Kartoffeln, Milchprodukten, pflanzlichen Ölen und nach Belieben Fleisch, Fisch, Geflügel, Eiern und Hülsenfrüchten.

Lebensmittelkunde für das gesunde Familienessen

Obst und Gemüse ✿ Obst und Gemüse sind ein wichtiger Baustein gesunder Ernährung, sie liefern lebenswichtige Vitamine, Mineralstoffe

Eine einfache Regel für die gesunde Ernährung lautet: Täglich fünf handtellergroße Portionen aus der Lebensmittelgruppe Obst und Gemüse zu sich zu nehmen.

und verschiedene sekundäre Pflanzenstoffe. Die sekundären Pflanzenstoffe, etwa Flavonoide oder Carotinoide, kommen in unterschiedlichen Gemüsen und Früchten vor und erfüllen wichtige Aufgaben im Stoffwechsel. Sie schützen vor Krankheiten. Einige davon sind als Pflanzenfarbstoffe in Gemüse und Früchten enthalten, etwa die orangegelben oder roten Carotinoide im Kürbis, in Karotten, Aprikosen, Tomaten oder Paprika. Eine wichtige Regel für eine ausgewogene und gesunde Ernährung besagt, möglichst bunt bzw. regenbogenfarben zu essen, also verschiedenfarbige Obst- und Gemüsesorten in den Speiseplan einzubauen. Um eine ausreichende Menge an Obst und Gemüse zu verzehren, können Sie sich an der »5 am Tag«-Regel orientieren: Jeder Erwachsene sollte täglich fünf handtellergroße Portionen aus der Lebensmittelgruppe Obst und Gemüse essen. Die richtige Menge für Ihr Baby entspricht also etwa fünf gefüllten Babyhändchen. Entsprechend mehr braucht ihr Kind mit zunehmendem Wachstum.

Im konventionellen Obst- und Gemüseanbau werden häufig Pestizide eingesetzt, um die Früchte vor Schädlingsbefall zu schützen. Diese Pflanzenschutzmittel gefährden als Rückstände auf und in den Nahrungsmitteln unsere Gesundheit. Deshalb ist es ratsam, bei besonders belasteten Sorten Früchte aus kontrolliert biologischer Erzeugung zu wählen. Besonders häufig betroffen sind:

Apfel, Aprikose, Birne, Brombeere, Erdbeere, Himbeere, Johannisbeere, Kirsche, Mandarine, Pfirsich, Aubergine, Gurke, Paprika, Salat, Tomate.

Ein weiteres Argument für Bio-Obst und Bio-Gemüse ist der niedrigere Nitratgehalt. Außerdem enthalten Bio-Früchte nach manchen Untersuchungen einen höheren Gehalt an sekundären Pflanzenstoffen.

Auf jeden Fall ist es ratsam, alle Früchte vor dem Verzehr gründlich unter fließendem Wasser zu waschen.

Getreide und Kartoffeln ✿ Getreidesorten und Kartoffeln sind die Energiespender im Babybrei. Sie liefern viele Kohlenhydrate, die im Körper in den »Zelltreibstoff« Zucker umgewandelt werden. Da Ihr Baby einen sehr hohen Energiebedarf hat, dürfen sie in keinem Brei fehlen. Vollkorngetreide enthält zudem noch viele wichtige Mineralstoffe und B-Vitamine. Im ersten Lebensjahr kann Ihr Kind noch kein rohes Getreide verdauen, verwenden Sie spezielle Instant-Flocken, oder kochen bzw. backen Sie das Getreide vor dem Verzehr, um Ihrem Kind die Verdauung zu erleichtern.

Getreidesorten werden oftmals unterteilt in glutenhaltige und glutenfreie Sorten. Gluten ist das Klebereiweiß, das in vielen Getreidesorten enthalten ist und bei entsprechender Veranlagung zu einer Unverträglichkeit, der Zöliakie, führen kann. Glutenfrei sind unter anderem: Reis, Mais, Hirse, Buchweizen, Amaranth und Quinoa.

Butter und Pflanzenöle ✿ Aufgrund des starken Wachstums und des hohen Energiebedarfs benötigen Babys im ersten Lebensjahr einen hohen Anteil an Fetten in ihrer Ernährung. Beikostkinder zwischen dem 4. und 12. Lebensmonat sollten 35–45 Prozent ihrer Energie in Form von Fetten erhalten.

Geeignete Fettlieferanten sind Butter und Pflanzenöle. Sie enthalten ein breites Spektrum unterschiedlicher Fettsäuren, die großen Einfluss auf die Entwicklung Ihres Kindes haben. Daneben enthalten Sie oft erhebliche Mengen fettlöslicher Vitamine, besonders Vitamin E. Bei den Pflanzenölen gibt es in der Fettsäurestruktur große qualitative und quantitative Unterschiede. Jedes pflanzliche Öl hat seine eigene Zusammensetzung aus verschiedenen gesättigten, einfach und mehrfach ungesättigten Fettsäuren.

Mit der Verwendung von kaltgepressten, nativen Ölen in Bio-Qualität bieten Sie Ihrer Familie wertvolle Speisefette mit wichtigen Inhaltsstoffen, die unerlässlich sind für Groß und Klein.

Häufig wird in der Beikosternährung die Verwendung raffinierter, also verarbeiteter Öle empfohlen, um so mögliche Pestizidrückstände im Öl zu meiden; denn diese werden im Herstellungsprozess entfernt. Sinnvoller ist es jedoch, von Anfang an zu rückstandskontrollierten Pflanzenölen aus biologischer Erzeugung zu greifen. Bei der Raffination werden wertvolle ungesättigte Fettsäuren zerstört, es können sogar gesundheitsschädliche veränderte Fettsäurestrukturen entstehen.

Empfehlenswert ist die Verwendung kaltgepresster, nativer Öle in Bio-Qualität. So haben Sie ein Höchstmaß an Sicherheit, Ihrem Kind ein unbelastetes Öl mit vielen wertvollen, lebensnotwendigen Fettsäuren zu geben.

Ratsam ist es, zwei oder drei qualitativ hochwertige Öle zu kaufen und diese auch im Wechsel mit Butter zu verwenden. Bevorzugen Sie Raps- oder Olivenöl im Gemüsebrei und Walnuss- oder Leinöl im Wechsel mit Butter im Obstbrei.

Verwenden Sie keine Öle aus Plastikflaschen, darin können sich potenziell ungesunde Weichmacher befinden. Kaufen Sie ausschließlich Pflanzenöle in braunen oder dunkelgrünen Glasflaschen: Auf diese Weise schließen sie das Verderben des Pflanzenöls durch Sonnenlicht aus. Investieren Sie mit einem guten Öl in die Gesundheit Ihres Babys. Kaltgepresste, native Pflanzenöle müssen immer hitzegeschützt bei konstanter Raumtemperatur gelagert werden und sind nach Anbruch rasch aufzubrauchen.

Fleisch und Geflügel ✿ Fleisch und Geflügel sind hochwertige Eiweißlieferanten. Rotes Fleisch wie Kalb, Rind, Lamm oder Schwein enthält überdies viel Eisen. Da sich eine zu hohe Eiweißzufuhr im Säuglings- und Kleinkindalter als gesundheitlich problematisch erwiesen hat und zudem die Neigung zum Übergewicht zu fördern scheint, beträgt die täglich empfohlene Menge 20–30 Gramm. Aufgrund von regelmäßig auftretenden Lebensmittelskandalen und dem Einsatz von Medikamenten in der Tierzucht lehnen viele Eltern Fleisch in der Beikosternährung ab. Bevorzugen Sie beim Fleischeinkauf Bio-Qualität aus artgerechter Haltung, denn die Lebensumstände und die Fütterung des Tieres spiegeln sich auch in der Qualität seines Fleisches wider. Die Ergänzung der Ernährung mit Fleisch während des ersten Lebensjahres ist erst in jüngster Zeit üblich und keinesfalls zwingend erforderlich.

Während des ersten Lebensjahres braucht Ihr Baby nicht zwingend eine (pürierte) Fleischzugabe im Brei. Stattdessen können Sie in den Brei ab und zu ein Eigelb in Bio-Qualität einrühren.

Fisch ✿ Fisch enthält viel Eiweiß, Jod und essentielle Fettsäuren. Der Verzehr von Fisch im ersten Lebensjahr scheint das Risiko allergischer Erkrankungen zu verringern.
Achten Sie auf nachhaltigen Fischfang mit dem MSC-Siegel oder auf ökologische Aquakultur.
Langlebige Raubfische wie Thunfisch, Aal, Schwertfisch, Heilbutt, Hecht, Seeteufel und Steinbeißer können mit Schwermetallen belastet sein und sind deshalb nicht für die Ernährung von Säuglingen und Kleinkindern geeignet.

Hühnerei ✿ Hühnereier sind reich an Eiweiß, Eisen und fettlöslichen Vitaminen. Besonders bei fleischarmer oder -freier Ernährung des Babys empfiehlt es sich, dem Brei gelegentlich ein Eigelb unterzurühren. Das Eiklar sollte nur gelegentlich verwendet werden, um einer zu hohen Eiweißzufuhr vorzubeugen. Auch in Hühnereiern sind in jüngster Zeit schädliche Rückstände festgestellt worden, deshalb gilt auch hier: Bio-Qualität hat immer Vorrang. Garen Sie Eier immer gründlich durch, damit krankmachende Erreger wie z.B. Salmonellen keine Chance haben!

Milchprodukte ✿ Kuhmilch darf und sollte entgegen früherer Empfehlungen ab dem 6. bis 7. Monat fester Bestandteil der Beikost sein. Milch enthält viel knochenaufbauendes Kalzium und wertvolle fettlösliche Vitamine. Biologisch erzeugte Milch ist besonders reich an essentiellen Fettsäuren. Bis zum ersten Lebensjahr ist die Zufuhr auf 200 Milliliter am Tag beschränkt, die im Rahmen des Milch-Getreide-Breies gegeben wird.
Für den Milch-Getreide-Brei können Schafmilch, Stutenmilch oder Ziegenmilch anstelle von Kuhmilch verwendet werden, sie sind jedoch kein Ersatz für Muttermilch! Da sich die Eiweißstrukturen der Tiermilcharten sehr ähneln, sind sie nicht bei einer nachgewiesenen Kuhmilchallergie zu empfehlen – halten Sie bei Bedarf Rücksprache mit Ihrem Kinderarzt und erkundigen Sie sich, ob sie als Ersatz geeignet sind.

In 100 g	Energie kcal	Milchzucker g	Fett g	Eiweiß g
Reife Muttermilch	69	7,0	4,0	1,1
Kuhmilch	66	4,7	3,5	3,3
Schafmilch	97	4,7	6,3	5,3
Ziegenmilch	67	4,2	3,9	3,7
Stutenmilch	47	6,2	1,5	2,2

Quelle: Souci · Fachmann · Kraut sfk-online.net

Joghurt und Quark werden durch Zugabe von Milchsäurebakterien aus Milch hergestellt. Quark ist sehr eiweißreich und deshalb während des ersten Lebensjahres nicht geeignet. Ungesüßter Naturjoghurt kann ab dem 10. Monat in kleinen Mengen, ca. 50 Gramm pro Tag, anstelle von Milch gegeben werden. »Kinderprodukte« enthalten meist sehr viel Zucker und Fett und sind für eine ausgewogene, gesunde Ernährung ungeeignet.

Hülsenfrüchte ✿ Hülsenfrüchte wie Linsen, Bohnen und Soja sind die wertvollste pflanzliche Eiweißquelle. Besonders für Vegetarier spielen sie deshalb eine wichtige Rolle. Zudem enthalten sie sehr viele Ballaststoffe und auch eine Reihe an Vitaminen und Mineralstoffen. Die Zubereitung von Hülsenfrüchten ist in vielen unterschiedlichen Varianten möglich. Da Hülsenfrüchte schwer verdaulich sind, finden sie in der Beikost kaum Verwendung. Sojaprodukte und Sojamilch sollten aufgrund ihres Phytoöstrogen-Gehaltes nicht für Babys und Kleinkinder verwendet werden.

Wieviel Brei soll mein Baby essen?

Während der Beikost schwankt die Verzehrmenge eines Babys oft erheblich, von Tag zu Tag und Mahlzeit zu Mahlzeit. Seien Sie deshalb nicht besorgt, wenn Ihr Kind kleinere Portionen isst als das Kind von Bekannten. Oder wenn es auch mal eine Essensflaute gibt. Gerade mit Durchtritt der Zähnchen, aber auch bei Infekten oder dem Erlernen neuer Fähigkeiten kann das Essen vorübergehend in den Hintergrund treten. Bieten Sie weiterhin zu jeder Mahlzeit etwas an, aber lassen Sie Ihr Kind entscheiden, wie viel Nahrung es zu sich nehmen möchte. Überbrücken Sie die Essensflaute wenn möglich durch vermehrtes Stillen oder entsprechende Fläschchenmahlzeiten. Eine ausreichende Flüssigkeitszufuhr ist bei Babys und Kleinkindern unverzichtbar, da sonst schnell Mangelerscheinungen auftreten können. Dauert die Essensunlust länger als zwei Wochen an, lassen Sie sich von Ihrer Hebamme, dem Kinderarzt oder einer Fachkraft für Babyernährung beraten. Bei anhaltenden und bei unklaren Beschwerden, oder wenn Sie den Eindruck haben, Ihr Kind könnte unterversorgt sein oder ein Nahrungsmittel nicht vertragen, ist der Besuch beim Kinderarzt unumgänglich.

Kurze Einführung in die Beikost – von Anfang an mit dabei

Woran erkenne ich, wann es Zeit für die erste Beikost ist? Diese Frage stellen Mütter und Väter immer wieder.
Die Zeit der ersten Beikost ist für jedes Kind ein großer Schritt in die Selbstständigkeit und für die ganze Familie ein kleines Abenteuer. Ganz gleich ob das Baby bis dahin voll gestillt oder mit Säuglingsmilchnahrung gefüttert wurde, irgendwann signalisiert es Ihnen die Bereitschaft für weitere Kost. Laut Empfehlung des Forschungsinstituts für Kinderernährung Dortmund (FKE) und nach den »Österreichischen Beikostempfehlungen« sollte **frühestens ab dem 5. und spätestens Anfang des 7. Lebensmonats** damit begonnen werden. In diesem Zeitfenster

haben sich die Verdauungs- und Ausscheidungsorgane des Säuglings ausreichend entwickelt, um zusätzliche Nahrung aufzunehmen.
Haben Sie den Eindruck, dass Ihr Baby schon Interesse an den Mahlzeiten der Großen zeigt? Möchte es vielleicht schon selbst Nahrungsmittel in den Mund stecken und erkunden? Äußert Ihr Baby in letzter Zeit häufiger das Verlangen nach Essen? Dann ist es mit großer Wahrscheinlichkeit reif für die erste Beikost – die kulinarische Entdeckungsreise darf beginnen.

Auf dem Weg zum Familientisch – ein Abenteuer für Groß und Klein

Wie der Name schon vermuten lässt, die Beikost soll nicht von heute auf morgen die gewohnte Milchnahrung ersetzen. Vielmehr soll Ihr Baby zusätzlich zu Brust oder Fläschchen nach und nach neue Lebensmittel bekommen, die eine zusätzliche Versorgung mit wichtigen Nährstoffen gewährleisten, vor allem aber das kleine Familienmitglied stetig an die Kost der Großen heranführen. Am Anfang ist dies oft mehr ein Spiel und Kennenlernen von Geschmacksvariationen als eine vollwertige Nahrungsaufnahme. Manche Babys sind erst später bereit für die Beikost und ziehen es bisweilen mit 8 oder 9 Monaten noch vor, gestillt zu werden oder aus dem vertrauten Fläschchen zu trinken. Doch im Laufe des ersten Lebensjahres werden sie immer aktiver und interessierter an den Familienmahlzeiten teilnehmen, bis sie um den ersten Geburtstag herum nach und nach an die Gerichte der Großen gewöhnt sind. Dementsprechend sollten Sie Ihr Baby möglichst früh an den gemeinsamen Mahlzeiten beteiligen, anstatt es zu einem anderen Zeitpunkt separat zu füttern. Essen ist nicht nur Nahrungsaufnahme, sondern zugleich ein soziales, kulturelles und genussvolles Miteinander. Zeigen Sie Ihrem Baby, dass es mit Ihnen essen darf und dazugehört. Sie können ihm ohne Bedenken ab und zu ein Häppchen von Ihrem Teller geben, das verträgt es ab dem 6. Lebensmonat. Bei diesen Häppchen sollte es sich jedoch um weiche Kost handeln, die nicht stark gesalzen, gewürzt oder scharf angebraten ist.

Es spricht übrigens nichts dagegen, zusätzlich zur festen Nahrung weiterhin Muttermilch anzubieten, denn diese enthält wichtige Schutzstoffe, die das Immunsystem Ihres Babys stärken. Die Weltgesundheitsorga-

nisation (WHO) empfiehlt sogar, bis zum zweiten Lebensjahr begleitend zu stillen, nach Belieben auch darüber hinaus.
Führen Sie die Beikost am besten mit einer neuen Breimahlzeit pro Monat ein.

Als erste Beikost bekommen Babys in der Regel einen warmen Mittagsbrei, bestehend aus Gemüse, Getreide, Fleisch oder Fisch **(Gemüse-Getreide/Kartoffel-Fleisch/Fisch-Brei)**. Er vermittelt erste Geschmackseindrücke und versorgt Ihr Baby mit zusätzlicher Energie, essentiellen Fettsäuren, Vitaminen und Mineralstoffen, vor allem Eisen, Zink oder Jod. Die zweite Beikostmahlzeit ist der warme Abendbrei aus Milch und Getreide **(Milch-Getreide-Brei)**, der die Nährstoffzufuhr um Energie, Eiweiße, Kalzium, Jod, Milchfett und fettlösliche Vitamine wie Vitamin A und Vitamin D erweitert. Zuletzt wird die Ernährung Ihres Babys mit dem **Obst-Getreide-Brei** als Zwischenmahlzeit am Nachmittag oder verteilt auf Vormittag und Nachmittag ergänzt. Er liefert weitere Energie, Vitamine, Mineralstoffe und Fette.

Während des ersten Lebensjahres braucht Ihr Baby nicht zwingend eine (pürierte) Fleischzugabe im Brei. Stattdessen können Sie in den Brei ab und zu ein Eigelb in Bio-Qualität einrühren.

Selbstverständlich dürfen Sie die einzelnen Breimahlzeiten zeitlich an den gewohnten Tagesablauf Ihrer Familie anpassen. So ist es beispielsweise möglich, den Gemüse-Getreide/Kartoffel-Fleisch/Fisch-Brei auch abends in Verbindung mit der warmen Hauptspeise der Familie zu geben. Oder Sie reichen nachmittags den Milchbrei zusammen mit einer Zwischenmahlzeit oder einem Milchshake für die älteren Geschwister. Zur Erleichterung Ihrer Auswahl finden Sie im Anhang des Buches ein separates Register für alle Brei-Rezepte.
Diese drei Breimahlzeiten (Gemüsebrei, Milchbrei und Obstbrei) sind das **Grundgerüst der Beikostnahrung** in der zweiten Hälfte des ersten Lebensjahres. Neben dem gleichzeitigen Stillen bzw. der Säuglingsmilchnahrung sorgen sie für eine ausgewogene und nährstoffreiche Versorgung Ihres Babys. Sie benötigen nur die in den Rezepten genannten Zutaten, vor allem Salz und Gewürze sind in den Breimahlzeiten überflüssig! Bieten Sie genügend Abwechslung in der Auswahl der Zutaten, um Ihrem Baby unterschiedliche Geschmackseindrücke zu ermöglichen.

Der erste Brei, den Ihr Baby bekommt, besteht aus **reinem Gemüse**. Wählen Sie bekömmliche Sorten wie Pastinake, Karotte, Zucchini, Kürbis oder Fenchel. Neugierige Babys werden die ungewohnten Geschmackseindrücke dankbar annehmen, andere Babys benötigen ein paar Anläufe, um sich an Geschmack und Konsistenz zu gewöhnen. Geben Sie Ihrem Baby die Zeit, die es benötigt. Lehnt Ihr Baby den Gemüsebrei konsequent ab, können Sie einen neuen Versuch starten und dem Gemüsebrei ein wenig süßes Obstmus, z.B. Apfel- oder Birnenmus, unterrühren.

Wird der **Gemüsebrei** akzeptiert, wird er mit einem Teelöffel **nativen Pflanzenöls** ergänzt. Dieses gewährleistet die Versorgung mit essentiellen Fettsäuren und wird dem hohen Energiebedarf im ersten Lebensjahr gerecht. Mengenverhältnis: 100 Gramm Brei sollten Sie etwa einen Teelöffel Pflanzenöl zufügen.

Nach etwa einer Woche wird der Gemüsebrei nun mit **Kartoffeln oder Getreide** ergänzt. Diese bieten zusätzliche Energie und wertvolle Mineralstoffe. Zu den 100 Gramm Gemüsebrei kommen entweder eine kleine gekochte Kartoffel, ca. 50 Gramm, oder 15 Gramm Getreide. Dabei bieten sich vor allem in den ersten Beikostmonaten Instant-Flocken an. Das sind spezielle, schon verarbeitete Vollkorngetreideflocken, die für Babys gut bekömmlich sind. Ab dem 8. bis 10. Lebensmonat freuen sich die Babys über eine andere Konsistenz, dann können Sie z.B. gekochte kleine Nudeln, Reis oder Hirse verwenden. Möchten Sie Ihr Baby vegetarisch ernähren, bevorzugen Sie eisenreiche Getreidesorten wie Hafer oder Hirse. Der Gemüse-Getreide-Brei wird generell mit 1–2 Esslöffel frischem Saft oder einem kleinen Spritzer Zitronensaft angereichert. Alternativ dazu können Sie auch ein Stück weiches Obst oder etwas frisches Obstmus zum Nachtisch anbieten. Das darin enthaltene Vitamin C unterstützt die Eisenaufnahme. Außerdem sollten Sie die Menge des Pflanzenöls in diesem Brei nun auf 2 Teelöffel steigern.

Um dem erhöhten Nährstoffbedarf ab dem 6. Lebensmonat gerecht zu werden, wird der Gemüse-Getreide-Brei zuletzt noch um 20–30 Gramm **Fleisch** oder **Fisch** ergänzt. Das Fleisch liefert wichtige Spurenelemente wie Eisen und Zink, die Ihr Baby für ein gesundes Wachstum benötigt. Fisch, vor allem fettreiche Sorten, enthält essentielle Omega-3-Fettsäuren, Seefisch außerdem zusätzlich Jod. Geben Sie im Wechsel vier- bis fünfmal pro Woche Fleisch und ein- bis zweimal pro Woche Fisch.

Der Gemüse-Kartoffel | Getreide-Fleisch | Fisch-Brei

Schritt 1 · Gemüsebrei
Eine Gemüsesorte | Karotten | Pastinaken | Kürbis oder Zucchini,
die Menge täglich steigern
Nach 5–7 Tagen 1 TL Pflanzenöl dazugeben

Schritt 2 · Gemüse-Kartoffel | Getreide-Brei
80–100 g Gemüse
1 kleine Pellkartoffel oder 15 g Getreide (plus ca. 100 ml Wasser)
2 TL Pflanzenöl
1–2 EL Vitamin-C-haltiger Obstsaft zur besseren Eisenaufnahme

Schritt 3 · Gemüse-Kartoffel | Getreide-Fleisch | Fisch-Brei
In den fertigen Gemüse-Getreide-Brei 20–30 g gedünstetes, püriertes
Fleisch oder gedünsteten, pürierten Fisch geben

Der vegetarische Gemüse-Getreide-Brei

Schritt 1 · Gemüsebrei
Eine Gemüsesorte | Karotten | Pastinaken | Kürbis oder Zucchini,
die Menge täglich steigern
Nach 5–7 Tagen 1 TL Pflanzenöl dazugeben

Schritt 2 · Gemüse-Getreide-Brei
80–100 g eisenreiches Gemüse, z.B. Erbsen, Pastinaken, Brokkoli,
Rote Bete
15 g eisenreiches Getreide, z.B. Hirse oder Hafer
Ca. 100 ml Flüssigkeit
2 TL Pflanzenöl
2 EL Vitamin-C-haltiger Obstsaft zur besseren Eisenaufnahme

Für den **Milch-Getreide-Brei** verwenden Sie frische **Vollmilch**, am besten in Bio-Qualität. Fettarme Milch, ESL- oder H-Milch sind für eine vollwertige Ernährung nicht geeignet. Möchten Sie Vorzugs- oder Rohmilch geben, sollten Sie diese zum Schutz der Gesundheit Ihres Kindes immer mindestens 2 Minuten auf 75 °C erhitzen. Ergänzt wird die Vollmilch durch 25–30 Gramm **Getreide**. Dafür können Sie Instant-Getreideflocken verwenden, aber auch Hafer- oder Dinkelflocken, Polenta, Reis oder Grieß. Wichtig ist nur, dass das Getreide ausreichend weich gekocht ist, denn rohes Getreide verträgt Ihr Kind erst im Laufe des zweiten Lebensjahres. Ein wenig **Saft**, **Obstmus**, ab dem 8. Monat auch frisch geriebenes Obst, sorgen für geschmackliche Abwechslung und zusätzliche Vitamine. Anfangs wird die Vollmilch im Verhältnis eins zu eins mit frischem Wasser verdünnt, das erleichtert dem Verdauungsapparat Ihres Babys die Gewöhnung an den Milchbrei. Innerhalb von ein bis zwei Wochen können Sie dann den Wasseranteil reduzieren, so dass Ihr Baby einen gehaltvollen Brei bekommt. In manchen Fällen kann es hilfreich sein, den Milchbrei am Nachmittag einzuführen, um den Schlaf Ihres Babys nicht durch Verdauungsarbeit zu beeinträchtigen. Irrtümlicherweise meinen viele Mütter, ihr Kind würde nach einer reichhaltigen Abendmahlzeit besser und länger durchschlafen. Das Gegenteil ist meist der Fall, denn zu viel Essen im Magen führt schnell zu Bauchschmerzen und Blähungen. Lassen Sie deshalb Ihr Kind entscheiden, wie viel es essen möchte.

Der Milch-Getreide-Brei

Schritt 1 · Halbmilch-Getreide-Brei
100 ml Vollmilch, 3,5% Fett
100 ml Wasser
25 g Getreide
2 EL Obstsaft oder Obstpüree
Milchmenge täglich steigern, Wassermenge entsprechend reduzieren

Schritt 2 · Vollmilch-Getreide-Brei
200 ml Vollmilch, 3,5% Fett
25 g Getreide
2 EL Obstsaft oder Obstpüree

Der milchfreie **Obst-Getreide-Brei** am Nachmittag rundet dann das Beikostangebot ab. Dieser Brei kommt bei den meisten Babys gut an, da er durch die natürliche Fruchtsüße lecker schmeckt. Hier können Sie ganz nach saisonaler Verfügbarkeit für reichlich Abwechslung sorgen. Besonders beliebt sind milde Apfelsorten, Birnen, Aprikosen, Pfirsiche, Beeren oder Bananen. Exotische Früchte wie Kiwi, Ananas oder Zitrusfrüchte können einen wunden Po und Hautreizungen verursachen, probieren sie diese zuerst nur in kleinen Mengen aus. Auch Erdbeeren sollten Sie nur in Maßen verwenden (max. 100 Gramm täglich), diese können nämlich Histamin freisetzen, was in manchen Fällen nicht gut vertragen wird. Verwenden Sie generell ungespritztes Obst aus kontrolliert biologischem Anbau! Für den Obstbrei wählen Sie 100 Gramm **frisches Obst**, das durch 10–15 Gramm **Getreide** ergänzt wird, gelegentlich auch etwas Zwieback oder ungesüßte Babykekse. Zunächst wird der Obstbrei noch gekocht, ab dem 8. Monat können Sie das rohe Obst püriert oder fein gerieben geben. Zur Fettanreicherung fügen Sie einen Teelöffel **Butter** oder **natives Pflanzenöl** hinzu.

Der Obst-Getreide-Brei

100 g frisches Obst der Saison
10–15 g Getreide, Zwieback oder Babykeks (ungesüßt)
50–100 ml Wasser, abhängig vom Wassergehalt des Obstes (Saftigkeit)
1 TL Butter oder Pflanzenöl
Das Obst zunächst gar kochen und fein pürieren, ab 8. Monat auch roh püriert, gerieben oder zerdrückt hinzufügen.

Neben den Breimahlzeiten darf Ihr Baby nach und nach immer mehr am »normalen« Familienessen teilhaben und unter den schon erwähnten Voraussetzungen gerne das eine oder andere Häppchen kosten. Besonders das **Frühstück** bietet Gelegenheit, die Kleinen an den Familienmahlzeiten teilnehmen zu lassen. Die meisten Babys werden bis zum zweiten Lebensjahr morgens gestillt oder bekommen ihr Fläschchen. Das ist aber kein Grund, sie deswegen vom Frühstückstisch auszuschließen. Sobald Ihr Baby Interesse zeigt, können Sie ihm im Rahmen Ihres eigenen Frühstücks weiche, babygerechte Kost anbieten. Das können ein bunter Obstsalat zum Naschen, kleine Pfannkuchenstückchen, Butter- oder Marmeladenbrot oder auch mal ein wenig ungewürztes Rührei sein. Lassen Sie sich von den Frühstücksrezepten inspirieren!

Auch das **Trinken** dürfen Sie nicht vergessen – spätestens ab der dritten Breimahlzeit benötigt Ihr Säugling zusätzlich zu Brust oder Flasche Flüssigkeit. Optimaler Durstlöscher ist nach wie vor reines Wasser. Es bleibt Ihnen überlassen, ob Sie frisches Trinkwasser oder für die Babyernährung geeignetes Mineralwasser verwenden. Tee sollten Sie nur selten geben, da alle Kräuter eine unterschiedliche, spezifische Wirkung haben. Wenn überhaupt sind dünn aufgegossener Fenchel-, Anis-, Kümmel-, Hagebutten- oder Apfelschalentee geeignet. Von Fruchtsäften ist abzuraten (abgesehen von den zwei Löffeln im Brei), sie enthalten nur Zuckerkalorien, zahnschmelzschädigende Säuren und gewöhnen die Kinder zu schnell an süße Getränke. Am besten bieten Sie Ihrem Kleinen über den Tag verteilt immer wieder ein paar Schlucke aus einem kleinen Becher, Glas oder Espressotässchen an. Zwar geht anfangs bestimmt noch einiges an Flüssigkeit daneben, aber so kann Ihr Kind am besten lernen, aus diesen Gefäßen zu trinken. Unterwegs können Schnabeltassen, Trink-Lernbecher oder der Strohhalm eine praktische Hilfe sein.

Genießen mit allen Sinnen – schlürfen, schmatzen, ›Essen fassen‹

Die Zeit der Beikost ist für Ihr Baby mit vielen neuen Sinneseindrücken verbunden. Geruch, Geschmack und Konsistenz eines jeden Nahrungsmittels wollen entdeckt werden. Schon im Mutterleib hat das Kind über das Fruchtwasser und nach der Geburt über die Muttermilch die ersten Geschmackseindrücke aufgenommen. Mit der Beikost und später mit der für kleine Kinder idealen Ernährung setzt sich diese individuelle Geschmacksprägung fort. Dementsprechend wichtig ist es, Kinder schon vom ersten Löffel mit Babybrei an eine gesunde, ausgewogene und vielseitige Kost zu gewöhnen. Mit selbst zubereiteten Breien und Kindermahlzeiten können Sie entscheiden, was Ihr Kleines ins Schüsselchen oder auf den Teller bekommt, und ihm statt eines langweilig schmeckenden Einheitsbreis eine Vielzahl wertvoller Sinneseindrücke ermöglichen.

Neben dem Erkunden von Geschmack und Konsistenz im Mund spielt auch das Ertasten und Erfühlen eine wichtige Rolle. Ungefähr zur selben Zeit, wenn Babys zeigen, dass sie reif für Beikost sind, entwickeln sie auch die Fähigkeit, selbst Gegenstände mit der ganzen Hand zu greifen und zu halten. Unterstützen Sie diesen Lernprozess, ermöglichen Sie es Ihrem Kind, nach Lebensmitteln zu greifen und diese in den Mund zu führen. Zum einen gewöhnt es sich frühzeitig daran, eine Auswahl zu treffen und verschiedene Nahrungsmittel zu unterscheiden, indem es sie mit seinen Sinnesorganen erkundet, sie tastet, riecht und schmeckt, und zum anderen ist dies ein gutes Training für die Ausbildung von Feinmotorik und Auge-Hand-Mund-Koordination.

Bieten Sie Ihrem Säugling schon zur Einführung der Beikost Fingerfood an. Das können anfangs babyfaustgroße Obst- und Gemüsestückchen sein, die Sie weich gegart haben, so dass Ihr Kind diese im Mund zerdrücken oder den Saft heraussaugen kann. Im Laufe der Zeit werden die Stückchen immer kleiner, damit der Zangen- oder Pinzettengriff erlernt wird – also das Greifen mit Daumen und Fingern. Achten Sie aber immer darauf, dass die Lebensmittel weich sind, weil sich Ihr Kind sonst womöglich verschluckt. Etwa ab dem 9. Lebensmonat sind die meisten Babys in der Lage, kleine Stückchen Brot oder Nudeln einzuspeicheln und am Gaumen zu zerdrücken.
Gerade »beikostmüde« Kinder sprechen gut auf **Baby-Fingerfood** an, weil es für sie eine sinnliche und erlebnisreiche Möglichkeit ist, Nahrungsmittel für sich zu entdecken. Und irgendwann landen dann auch diese Breiverweigerer am Familientisch.

Eine ganz eigene Art der Beikost ist die sogenannte babygesteuerte Beikosteinführung, BLW (Baby-led-weaning). Bei dieser Methode nehmen die kleinen Esser schon zu Beginn der Beikostreife ihr Essen selbst in die Hand und entscheiden aus einer Auswahl geeigneter Lebensmittel, was sie zu sich nehmen möchten. Gerade bei Geschwistern führt dies zu einer Entspannung am Familientisch, da das Baby noch einfacher an den gemeinsamen Mahlzeiten teilhaben kann und seiner Entdeckerfreude Nahrung gegeben wird. In vielen Kulturen wird das Baby-led-weaning selbstverständlich und unproblematisch angewandt, allerdings müssen dabei ein paar wichtige Punkte beachtet werden.
Beginnen Sie mit den ersten Versuchen, wenn Ihr Baby frisch gestillt und satt ist, so fällt ihm die Umstellung leichter und es kann sich entspannt auf die neue Art der Ernährung einlassen. Mit zunehmender Essmenge werden die Milchmahlzeiten dann von selbst weniger bzw. wird erst nach der Beikost gestillt.

Das Baby muss aufrecht und sicher sitzen, entweder auf Ihrem Schoß oder im Hochstuhl. Bieten Sie ihm sein Essen direkt vom Tisch (am besten von einer abwaschbaren Platzdecke) oder von seinem Stuhltablett an.

Zu jeder Mahlzeit gibt es eine Auswahl an weichen bzw. weich gegarten Lebensmitteln, die das Baby gut greifen und zum Mund führen kann. Zuerst sind die Stücke etwa babyfaustgroß, sobald es mit etwa 8 bis 9 Monaten den Pinzettengriff lernt, sind sie auch kleiner.
Das Baby darf selbst entscheiden, welche Lebensmittel es mag und wie viel es davon verzehren möchte. Es wird ihm nichts in den Mund gesteckt, sondern nur angeboten.

Verzichten Sie in der Ernährung Ihres Babys auf scharf gebratene, stark gewürzte und gesalzene Speisen. Sie sollten ihm auch wenig Fettes und Süßes geben.

Das Baby und die Familien nehmen die gleichen Grundzutaten auf, das setzt ein gesundes, vollwertiges und ausgewogenes Familienessen voraus. Es sollten keine Fertiggerichte, nichts scharf Gebratenes, Gewürztes, wenig Fettes oder Süßes verzehrt und alle Speisen salzarm zubereitet werden.

Da kleine Babys ihren älteren Schwestern und Brüdern vieles nachmachen und frühzeitig selbstständig Nahrung zu sich nehmen möchten, bietet sich hier eine Kombination aus Brei und Fingerfood an. Möchten Sie Ihr Kind ganz nach BLW ernähren, sollten Sie sich zusätzlich Rat und Hilfe von Ihrer Hebamme, dem Kinderarzt oder von einer Fachkraft für Babyernährung holen.

Geeignetes Fingerfood ✿ Alter 6–8 Monate: babyfaustgroße, weiche Obst- und Gemüsestücke, z.B. Pfirsich, Banane, Erdbeeren, gedünstete Äpfel- und Birnenschnitze, weich gegarte Blumenkohl- und Brokkoliröschen, Avocadostücke, hart gekochte Eier, weiches oder eingeweichtes Brot (kein grobkörniges Brot), gekochte Nudeln (Farfalle, Spirelli, Penne), Pfannkuchenstückchen.

Ab 9 Monaten: kleinere Stücke zum Trainieren des Pinzettengriffs, z.B. gekochte Erbsen, Maiskörner, kleinere gekochte Nudeln, Himbeeren, kernlose Trauben, klein geschnittenes weiches Obst, milde Käsewürfel, weich gekochte Fleisch- und Fischstückchen, Rundkorn- und Risottoreis.

Allergien vorbeugen

Mit Überarbeitung der »S3-Leitlinie Allergieprävention« hat sich in den Empfehlungen zur Beikosteinführung vieles geändert. Wurden früher möglicherweise allergieauslösende Lebensmittel im ersten Lebensjahr strikt gemieden, so wird heute der Kontakt zur Toleranzentwicklung empfohlen. Das Immunsystem Ihres Kindes profitiert von der frühzeitigen Auseinandersetzung mit Allergenen, besonders wenn Sie parallel noch stillen. Auf diese Weise trainiert der Körper den Umgang mit den Allergenen und kann möglicherweise sogar dem Ausbruch einer Allergie vorbeugen. In den ersten Lebensmonaten ist die Darmbarriere noch nicht voll entwickelt. Aus diesem Grund ist es auch nicht ratsam, vor dem 5. Monat mit der Beikost zu beginnen. Das ausschließliche Stillen über mindestens vier Monate und das parallele Weiterstillen während der Beikosteinführung ist ratsam, weil die Schutzwirkung der Muttermilch bei der Allergieprophylaxe eine wichtige Rolle spielt. Kleine Mengen Kuhmilch und glutenhaltiges Getreide zwischen dem 5. und 7. Lebensmonat beugen laut Studien der Entwicklung einer Allergie bzw. Unverträglichkeit vor.

Eine Allergie gegen ein bestimmtes Lebensmittel hat häufig weitreichende Auswirkungen auf das gesamte Leben. Nicht nur der Verzicht auf viele Speisen, sondern auch die Gefahr einer Mangelernährung belasten betroffene Kinder und deren Eltern. Schon im Beikostalter spielt das Thema Allergieprävention eine wichtige Rolle. Doch was ist eine Allergie?

Allergien sind Fehlreaktionen bzw. Überreaktionen des Immunsystems auf gewöhnlich unschädliche Substanzen. Im Kindesalter sind es vor allem Eiweißverbindungen aus Kuhmilch und Ei, gelegentlich auch Fisch, Soja, Weizen, Nüsse und seltener Obst- und Gemüsesorten, die – je nach Veranlagung – Allergien auslösen können. Zum Glück sind echte Lebensmittelallergien jedoch recht selten, weniger als 10 Prozent der Kinder sind von einer echten Lebensmittelallergie betroffen.
Bei einer entsprechenden Veranlagung erkennt das körpereigene Abwehrsystem bestimmte Nahrungsbestandteile schon beim ersten Kon-

takt als ›fremd‹ und ›gefährlich‹ und setzt einen Abwehrprozess in Gang. Es bildet Antikörper gegen den Fremdstoff. Bei jedem weiteren Kontakt erkennt ihn das Immunsystem sofort. Unabhängig von der Menge, also auch schon bei geringsten Mengen und sogar bei Spuren des Lebensmittels, kann es innerhalb von Sekunden bis wenigen Stunden zu einer allergischen Reaktion kommen, die unterschiedlich schwer ausgeprägt sein kann.

Wie äußert sich eine Allergie? ▶ Für die vielen möglichen Reaktionen des Körpers bei Allergien ist der Botenstoff Histamin verantwortlich. Mögliche Symptome sind Hautrötung, Juckreiz, Nesselsucht und Ekzeme, ein Kratzen oder Jucken im Mund- und Rachenraum, Übelkeit und Erbrechen, Bauchschmerzen, Blähungen, Durchfall oder Verstopfung, eine juckende Nase, Fließschnupfen, Niesanfälle, Atemnot, Husten und Bronchialasthma bis hin zu akutem Blutdruckabfall und zum lebensbedrohlichen, anaphylaktischen Schock. Diese Symptome können innerhalb von Sekunden oder weniger Minuten nach dem Kontakt mit dem entsprechenden Lebensmittel auftreten, in einigen Fällen aber auch erst nach 24–72 Stunden. Daher ist es ratsam, bei allergieanfälligen Babys mit der Einführung neuer Lebensmitttel vorsichtig zu sein und immer einen Abstand von 2–3 Tagen einzuhalten, um Auslöser zu erkennen.

Lebensmittelallergien sind Überreaktionen des Immunsystems und betreffen etwa 4–6 Prozent der Kinder.

Schwierige Diagnose einer Allergie ▶ Die Diagnose einer echten Lebensmittelallergie ist schwierig und langwierig. Neben einer gründlichen Anamnese, die dem Arzt wichtige Informationen bei der Suche nach dem Auslöser einer Nahrungsmittelallergie liefert, gibt es verschiedene Hauttests, die bei einer vorhandenen Sensibilität eine allergische Reaktion provozieren. Diese Tests dürfen nur vom Arzt durchgeführt werden, da es gelegentlich zu starken Reaktionen kommt. Dazu gehören nicht etwa nur Rötungen der Haut.

Die exakte Diagnose ist sehr kompliziert – vor allem wenn die Allergietests beim Arzt ohne Befund bleiben, muss mit anderen Unverträglichkeiten, wie z.B. einer Histamin-Intoleranz (Pseudoallergie), gerechnet werden. Dann beginnt oft eine detektivisch genaue Suche nach den Auslösern der Symptome, was nur mit Hilfe einer genauen Nahrungsmitteldokumentation und oftmals mehrwöchigem Verzicht auf verdächtige Auslöser möglich ist.

Was ist eine Pseudoallergie? Bei der Pseudoallergie spielt wie bei der echten Allergie der Botenstoff Histamin eine wichtige Rolle. Die Symptome sind daher die gleichen wie bei einer allergischen Reaktion. Allerdings ist das Auftreten der Beschwerden bei der Pseudoallergie abhängig von der Menge des verzehrten Lebensmittels. Kleine Mengen werden oft gut toleriert, wohingegen schon der einmalige Genuss einer größeren Menge zu starken Beschwerden führen kann.
Bei der Pseudoallergie bleibt die Sensibilisierung aus und es werden keine Antikörper gebildet, es handelt sich vielmehr um eine individuelle Unverträglichkeit gegenüber den sogenannten biogenen Aminen, zu denen neben Tyramin und Serotonin auch das Histamin zählt.
Diese Amine sind auch in Nahrungsmitteln enthalten und werden beim Verzehr mit aufgenommen. Bei einer Pseudoallergie reagiert der Körper dann auf diese von außen zugeführten biogenen Amine.
Bei Verdacht auf eine solche Unverträglichkeit sollten Sie die Reaktion Ihres Kindes auf diese Nahrungsmittel und Zusatzstoffe besonders gut beobachten und dokumentieren, allerdings auf keinen Fall selbstständig Lebensmittel vom Speiseplan streichen.
Holen Sie sich Rat und Hilfe bei Ihrem Kinderarzt oder bei einer erfahrenen Ernährungsberaterin, und suchen Sie gemeinsam nach der optimalen Lösung für Ihr Kind.

Beim Verdacht auf Allergien oder Unverträglichkeiten sollte immer ein fachkundiger Arzt zu Rate gezogen werden.

Was tun bei einer Allergie? Ist bei Ihrem Kind eindeutig eine echte Allergie diagnostiziert worden, hilft nur der konsequente Verzicht auf den Auslöser. In manchen Fällen können die allergieauslösenden Eiweiße jedoch durch Hitzeeinwirkung zerstört werden. Die Nahrungsmittel werden so wieder verträglich, dies ist vor allem bei Obst- und Gemüseallergenen der Fall.
Manche Allergien verlieren sich im Laufe des Kindesalters auch, so dass die entsprechenden Lebensmittel später wieder verzehrt werden können.

Gemüse- und Obstallergie Häufige Allergieauslöser sind: Hülsenfrüchte (Soja), Karotten (rohe), Paprika, Sellerie, Tomaten; Ananas, Äpfel, Birnen, Kirschen, Kiwi, Pfirsiche.
Besonders gefährdet sind Pollenallergiker, da hier häufig Kreuzallergien zwischen bestimmten Pollen und bestimmten Nahrungsmitteln bestehen, etwa zwischen einer Allergie gegen Birkenpollen und Sellerie oder Äpfel.

Was können Sie tun?

- Die Früchte schälen, viele Allergene befinden sich direkt unter der Schale.
- Reife Früchte verwenden.
- Die Nahrungsmittel vor dem Verzehr dünsten, blanchieren oder kochen. Die Allergene fast aller heimischen und ausländischen Früchte sind hitzelabil; eine Ausnahme bildet Sellerie, er muss in roher und gekochter Form gemieden werden.
- Keine Multivitaminsäfte geben, sondern den Saft einer einzelnen Frucht bevorzugen.
- Bei einer starken Allergie die entsprechenden Nahrungsmittel selbstverständlich meiden.

Kuhmilchallergie ▸ Alle Produkte, die Kuhmilcheiweiß enthalten, sind bei einer Kuhmilchallergie Auslöser, vor allem Joghurt, Quark, Käse und Trinkmilch, aber auch Butter, Dosenmilch, Frischkäse, Molke, Sahne und Streichkäse. Kuhmilch ist in vielen Fertigprodukten enthalten, außerdem in Medikamenten oder Nahrungsergänzungsmitteln.
Es muss jedoch zwischen der Kuhmilchallergie und der weit häufiger verbreiteten und vor allem im Erwachsenenalter auftretenden Laktoseintoleranz unterschieden werden. Bei dieser Unverträglichkeit wird der milcheigene Zucker Laktose aufgrund eines Enzymmangels im Darm nicht mehr vollständig abgebaut. Dadurch kommt es zu Beschwerden wie Blähungen und Durchfall. Bei Kindern ist eine Laktoseintoleranz sehr selten, erst im Laufe des Heranwachsens kommt es häufiger zu einer Abnahme der Laktoseverträglichkeit.

Worin kann Kuhmilch enthalten sein?

- In allen Milcharten und -erzeugnissen, z.B. Streich- und Bratfette, Butter, milcheiweißhaltige Margarine
- Brot und Brötchen, Gebäck, Kekse, Zwieback, Biskuit, etc.
- Schokolade, Lakritze, Karamellbonbons, Nougatcreme
- Fischwaren in Marinaden und Soßen
- Fertiggerichte, Tiefkühlwaren, Dosen, Tütensuppen
- Wurstwaren, Fleischkonserven

- Kuchenglasuren
- Kartoffelfertigprodukte
- Würzmischungen, Suppen, Ketchup, Soßen

Was können Sie tun?

Bei einer Kuhmilchallergie hilft nur der konsequente Verzicht auf alle Lebensmittel, die Milcheiweiß enthalten. Dann verläuft sich die Allergie aber häufig innerhalb weniger Jahre wieder.
Besonders schwierig ist die Identifikation milchhaltiger Fertigprodukte, Süßigkeiten und Wurst- und Backwaren. Hier hilft nur der kritische Blick auf die Zutatenliste oder das Nachhaken bei Bäcker und Metzger.
Milch von anderen Tierarten wie Ziegen oder Schafen ist meist ebenfalls nicht geeignet, da die Eiweiße denen der Kuhmilch stark ähneln.
Als Milchersatz in der Küche eignen sich Hafer- oder Reismilch. Sie ähneln im Geschmack der Kuhmilch und können so in Rezepten alternativ verwendet werden. Häufig sind sie auch mit Vitamin B2 oder Kalzium angereichert. Auch Sojaprodukte bieten vielfältige Ersatzmöglichkeiten, sollten aber wegen ihrer Phytoöstrogene für Babys und Kleinkinder nicht verwendet werden.
Anstelle von Butter können Sie zum Braten und Backen Kokos- oder Palmfett und Pflanzenöle verwenden. Margarine dagegen kann durchaus Spuren von Milcheiweiß enthalten und ist durch ihre Fettsäurestruktur für die Kinderernährung generell eher ungeeignet.
Kuhmilchallergien können durchaus Nährstoffdefizite nach sich ziehen, insbesondere hinsichtlich Vitamin B2 und Kalzium.
Zur ausreichenden Versorgung mit Vitamin B2 bieten sich alternativ der Verzehr von Pilzen, Weizenkeimlingen, Fleisch, Hülsenfrüchten und einigen Gemüsesorten wie Grünkohl, Brokkoli, Erbsen, Fenchel oder Mangold an.
Kalzium kommt hauptsächlich in Milch und Milchprodukten vor und ist gerade im Kindesalter sehr wichtig für gesundes Knochenwachstum. Als Kalziumlieferanten dienen Kindern mit Milchallergie pflanzliche Quellen wie Amaranth, Sesam, Haselnüsse, Grünkohl, Broccoli, angereicherte Ersatzmilchprodukte oder kalziumreiche Mineralwässer.
Kreuzallergien sind sehr selten, aber möglich und betreffen dann vor allem Kalb- und Rindfleisch.

Hühnerei-Allergie ◗ Bei der Hühnerei-Allergie können verschiedene Substanzen als Auslöser wirken. Zum Teil werden diese auch isoliert als Lebensmittelzusatzstoffe und technologische Hilfsstoffe in der Nahrungsmittelindustrie oder in Medikamenten eingesetzt.
Bis auf das Ovomukoid werden alle Hühnereiweiße bei 80–100 °C zerstört, so dass die Eier dann in gekochtem oder gebratenem Zustand verzehrt werden können. Ebenso gut vertragen werden dann auch Gebäck und Kuchen. Vorsicht bei rohen oder nicht genügend erhitzten Eiern, diese sind für alle Ei-Allergiker nicht geeignet. Beachten Sie auch, dass Hühnereigelb ebenso Eiweiße enthält und dadurch gleichermaßen zu Reaktionen führt wie das Eiklar.

Worin kann Hühnerei enthalten sein?

- Eierspeisen (Crêpe, Omelette)
- Brot und Backwaren, Kekse, Kuchen
- Soßen, Marinaden, Mayonnaise
- Milchprodukte (Eiscreme, Milchpulver)
- Paniertes Fleisch, Frikadellen, Hamburger, Bratwurst
- Fruchtsäfte, Instantgetränke
- Shampoo, Wandfarbe, Impfstoffe
- Auf Verpackungen können folgende Begriffe auf die mögliche Verwendung von Ei hinweisen:
  tierisches Eiweiß; Fremdprotein; Stabilisator; tierische Fette und Öle; Lecithine

Was können Sie tun?

Ernährungsphysiologisch ergeben sich beim Verzicht auf Hühnerei keine Mangelerscheinungen oder Nachteile.
Je nach Allergie können die Eier nach Erhitzen problemlos verzehrt oder müssen strikt vermieden werden.
Lediglich zum Backen und Kochen müssen dann Alternativen gefunden werden. So gibt es verschiedene Ei-Ersatzpulver, als Bindemittel für Kuchen können Quark oder Joghurt verwendet werden. Kreuzallergien sind möglich gegen Eier anderer Vogelarten oder Geflügelfleisch.

Allgemeine Tipps bei Allergien

- Meiden Sie unbedingt die Allergene. Ziehen Sie bei Unsicherheit immer Ihren Kinderarzt oder eine erfahrene Ernährungsberaterin zu Hilfe.

- Empfehlenswert ist der Aufbau und Schutz einer gesunden Darmflora und -schleimhaut. Bewährt hat sich hier auch der Verzehr von lauwarmer Mandelmilch auf nüchternen Magen – vorausgesetzt, es besteht keine Mandelallergie.
  Säurehaltige oder -bildende Lebensmittel sollten ebenso wie Fertigprodukte und Lebensmittelzusatzstoffe gemieden werden.

- Hochwertige, kaltgepresste Pflanzenöle sind zu bevorzugen, sie liefern wertvolle essentielle Fettsäuren, die im Körper eine zellschützende und entzündungshemmende Wirkung entfalten.

- Eine homöopathische Konstitutionsbehandlung bei einem erfahrenen Homöopathen oder Heilpraktiker kann helfen, überschießende oder fehlgeleitete Reaktionen wieder zu regulieren.

- Und ganz wichtig: Stressreduktion! Vermeiden Sie alles, was Ihrem Kind unnötigen Stress oder psychische Belastung verursacht.
  Auch das zu häufige Thematisieren der Allergie sollte vermieden und die Ernährung trotzdem entspannt und unkompliziert gestaltet werden.

- Bei allergiegefährdeten Kindern sollten neue Lebensmittel nur langsam und in größeren Abständen eingeführt werden, so dass sich etwaige allergische Reaktionen schnell entdecken und auf ihren Auslöser zurückführen lassen.
  Eine praktische Hilfe bietet ein individuell ausfüllbarer Beikostplan **(http://www.natalie-stadelmann.de/babybrei/).**

Dokumentieren Sie alle Lebensmittel, die Sie neu einführen, genau, und machen Sie Notizen zu den Reaktionen Ihres Babys. Haben Sie den Verdacht, Ihr Kind verträgt ein bestimmtes Nahrungsmittel nicht, ziehen Sie Ihren Kinderarzt zu Rate.

Gemüse

Frühjahr

Kohlrabi
Rhabarber
Spargel
Spinat

Sommer

Auberginen, Blumenkohl, Bohnen
Brokkoli, Erbsen, Fenchel, Gurken
Karotten, Kohlrabi, Kräuter (Basilikum,
Oregano, Rosmarin, Kresse, Dill)
Mangold, Paprika, Rhabarber, Spargel
Spinat, Tomaten, Zucchini

Herbst

Avocado, Blumenkohl
Bohnen, Broccoli
Karotten, Kohlrabi
Kürbis, Mais, Rosenkohl
Rote Bete, Spinat
Zucchini

Winter

Avocado
Ingwer
Rosenkohl
Rote Bete
Steckrüben
Pastinaken

Ganzjährig

Champignons
Wirsing

Obst

Frühjahr	Sommer	Herbst	Winter	Ganzjährig
Äpfel	Aprikosen, Brombeeren	Äpfel, Birnen, Feigen	Äpfel	Bananen
Birnen	Heidelbeeren, Himbeeren	Mirabellen, Pflaumen	Birnen	Mango
Erdbeeren	Feigen, Johannisbeeren	Preiselbeeren, Trauben	Datteln	
	Kirschen, Melonen	Zwetschgen	Khaki	
	Nektarinen, Pfirsiche		Trauben	

Frühjahr
März–Mai

Sommer
Juni–August

Herbst
September–November

Winter
Dezember–Februar

Frühstücksideen

Buchweizen-Mohn-Grütze mit Rhabarber-Apfel-Kompott

100 g Buchweizen
350 ml Vollmilch
200 g Rhabarber, geschält
200 g Apfel, geschält und entkernt
1 EL Mohn, gemahlen
Zimt und Zucker
100 ml Sahne
1 EL Zucker

1 Den Buchweizen in einem Topf ohne Fettzugabe leicht anrösten, bis er duftet. Die Milch zugeben, alles aufkochen und bei geringster Hitze unter gelegentlichem Umrühren etwa 5–20 Minuten köcheln lassen.
2 Den Rhabarber und den Apfel in kleine Stücke schneiden. Mit 50 ml Wasser in einem Topf 5 Minuten köcheln lassen. Danach mit dem Stabmixer fein pürieren.
3 Für das Baby 200 g Buchweizenbrei und 50 g Obstkompott zur Seite nehmen, mit dem Stabmixer fein pürieren und auf Esstemperatur abkühlen lassen.
4 Die restliche Buchweizengrütze mit dem Mohn, dem Zimt und Zucker abschmecken.
5 Die Sahne mit dem Zucker steif schlagen. Die Grütze mit dem Rhabarber-Apfelkompott und der Sahne servieren.

Zubereitung 25 Min.

Ergibt ca. 250 g Brei

Ab dem 8. Monat können Sie auch ein paar gekochte Buchweizenkörner unpüriert im Brei lassen. Das fördert die Mundmotorik und bietet Ihrem Baby neue sensorische Eindrücke. Ab dem 11. Monat genießen die Babys Grütze unpüriert.

Warmes Bircher Müsli

2 TL Butter
100 g Haferflocken
300 g Apfel, geschält, entkernt, in kleine Stücke geschnitten
400 ml Hafermilch, ungesüßt
100 g Banane, geschält
1 TL Butter
Zimt
1 EL Nüsse (Haselnüsse, Walnüsse, Mandeln), gemahlen

Für Babys mit der Neigung zu Verstopfung kann bei diesem nahrhaften Brei auch noch ein Stück ungeschwefelte Trockenaprikose mitgekocht werden. Ab dem 8. Monat genügt es, den Brei mit der Gabel grob zu zerdrücken.

1. Die Butter in einem Topf zerlassen und die Haferflocken darin leicht anrösten.
2. Die Apfelstückchen zu den Haferflocken in den Topf geben, mit der Hafermilch aufgießen.
3. Das Ganze so lange leicht köcheln, bis die Haferflocken und Obststückchen schön weich sind.
4. Die Banane klein schneiden und unter den Hafer-Apfel-Brei rühren.
5. Für das Baby 250 g Brei zur Seite nehmen, mit dem Stabmixer fein pürieren, einen TL Butter unterrühren und auf Esstemperatur abkühlen lassen.
6. Für die Großen vor dem Servieren nach Belieben mit Zimt abschmecken und mit gemahlenen Nüssen bestreuen.

Zubereitung 20 Min.

Ergibt ca. 250 g Brei

Leckeres Schokomüsli

50 g Dinkelflocken
400 ml Vollmilch
250 g Birne, geschält und entkernt
30 g Amaranth, gepufft und ungesüßt
1 EL Kakaopulver, entölt
2 TL Butter
1 TL Zucker

1 Die Dinkelflocken in einem Topf mit der Milch aufgießen und bei niedriger Hitze 10 Minuten köcheln lassen.
2 Die Birne auf einer Gemüsereibe fein raspeln und die letzten 5 Minuten mit den Dinkelflocken mitgaren.
3 Den Amaranth bis auf 3 EL unterrühren und kurz quellen lassen.
4 Für das Baby 250 g Brei zur Seite nehmen, mit dem Stabmixer fein pürieren und auf Esstemperatur abkühlen lassen.
5 Das Kakaopulver in das restliche Müsli unterrühren.
6 Die Butter in einer kleinen Pfanne schmelzen und die 3 EL Amaranth mit dem Zucker darin karamellisieren. Vor dem Servieren über das Schokomüsli streuen.

Zubereitung 15 Min.

Ergibt ca. 250 g Brei

Ein köstlicher Brei, der anstelle von Birne auch mit mildem Apfel oder reifer Aprikose schmeckt.

Hafermilch-Grieß-Brei mit Mirabellenmus

300 g Mirabellen, gewaschen und entsteint
200 ml Hafermilch
50 ml Aprikosensaft
40 g Dinkelgrieß
1 TL Butter
2 EL Rohrzucker
Prise Bourbon-Vanille

1 Die Mirabellen mit 100 ml Wasser in einem Topf ca. 10 Minuten weich garen.
2 Mit einem Stabmixer fein pürieren und auf Verzehrtemperatur abkühlen lassen.
3 Die Milch und den Aprikosensaft in einem Topf zum Kochen bringen.
4 Den Topf vom Herd nehmen und den Dinkelgrieß unter ständigem Rühren einrieseln lassen.
5 Nochmals unter Rühren aufkochen lassen.
6 Für das Baby 200 g Grießbrei zur Seite nehmen, einen TL Butter und 50 g Mirabellenmus unterrühren und auf Esstemperatur abkühlen lassen.
7 In den restlichen Grießbrei den Zucker und die Vanille einrühren, den Brei in zwei hitzebeständige Schälchen gießen und mit dem Mirabellenmus servieren.

Zubereitung 15 Min.

Ergibt ca. 250 g Brei

Nutzen Sie die Mirabellenzeit ab Ende August und gönnen Sie sich und Ihren Kleinen einen köstlichen Spätsommertraum. Der Brei kann auch mit Reismilch oder als Milch-Getreide-Brei mit Kuhmilch anstelle der Hafermilch zubereitet werden.

Winterlicher Gewürz-Hafer-Brei

60 g Haferflocken, zartblättrig
500 ml Vollmilch
1 TL Butter
2 TL Rosinen, ungeschwefelt
3 Stk. Feigen, getrocknet und ungeschwefelt
200 g Apfel, z.B. Boskop, geschält und entkernt
1 kl. Stück frischer Ingwer (ca. 5 g), geschält und gerieben
1 Prise Ceylon-Zimt
1 Prise Kardamompulver

Dieser feine Milchbrei wirkt besonders stuhlauflockernd. Ab dem 8. Monat genügt es, den Brei mit der Gabel grob zu zerdrücken.

1 Die Haferflocken in einem Topf mit der Milch aufgießen, die Butter und die zerkleinerten Trockenfrüchte zugeben und bei niedriger Hitze unter gelegentlichem Umrühren 10 Minuten köcheln lassen.
2 Den Apfel auf einer Gemüsereibe fein raspeln und die letzten 5 Minuten mitgaren.
3 Für das Baby 250 g Brei zur Seite nehmen, mit dem Stabmixer fein pürieren und auf Esstemperatur abkühlen lassen.
4 Den Ingwer mit den Gewürzen unter das restliche Müsli rühren. Den Haferbrei noch warm servieren.

Zubereitung 20 Min.

Ergibt ca. 250 g Brei

Obstsalat mit Amaranth-Kokos-Crunchies

500 g Apfel, geschält, entkernt und gewürfelt
200 g reife Mango, geschält, entkernt und gewürfelt
25 g Amaranth, gepufft und ungesüßt
1 EL Butter
25 g Kokosraspeln
2 EL Honig

1 Von den Obstwürfeln 100 g in einen Topf geben und mit 100 ml Wasser in 5 Minuten weich garen. Mit dem Stabmixer fein pürieren.
2 Für das Baby 3 EL Amaranth in den heißen Obstbrei einrühren und auf Verzehrtemperatur abkühlen lassen. Vor dem Verzehr einen Teelöffel Butter in den warmen Brei einrühren.
3 Die restliche Butter in einer kleinen Pfanne leicht erhitzen und den übrigen Amaranth, die Kokosraspeln und den Honig darin knusprig karamellisieren.
4 Die Amaranth-Kokos-Crunchies vor dem Servieren über den Obstsalat streuen.

Zubereitung 15 Min.

Ergibt ca. 200 g Brei

Ab dem 8. Monat können Sie auf das Kochen der Obstwürfel verzichten. Es genügt dann, das Obst mit dem Stabmixer fein zu pürieren. Der Amaranth wird dabei in heißem (ca. 50 °C) Wasser ein paar Minuten eingeweicht und zusammen mit der Butter dem Obstmus hinzugefügt. Der Apfel kann auch mit einer Reibe fein hineingerieben werden.

Kastanienmehl-Dinkelflocken-Blinis mit Zwetschgenmus

15 g Hefe
1 TL Zucker
500 ml Vollmilch
100 g Dinkelflocken
300 g Zwetschgen, gewaschen und entsteint
100 g Kastanienmehl
150 g Dinkelmehl Type 1050
50 g Sauerrahm oder Naturjoghurt
1 Ei
1 Prise Salz
1 EL Butterschmalz
3 El Zimtzucker

Der Brei und die Blinis schmecken anstelle von Zwetschgen auch hervorragend mit frischem Apfelkompott. Babys ab dem 8. Monat dürfen Blinis in Maßen als Fingerfood probieren.

1 Für die Blinis die Hefe mit dem Zucker in 250 ml lauwarmer Milch auflösen und abgedeckt an einem warmen Ort 15 Minuten gehen lassen.
2 Die Dinkelflocken mit 250 ml Milch in einem Topf 5 Minuten weich köcheln. Anschließend abkühlen lassen.
3 Die Zwetschgen mit 50 ml Wasser in einem Topf 10 Minuten weich garen, anschließend abkühlen lassen und mit einem Stabmixer fein pürieren.
4 Kastanien- und Dinkelmehl in den Hefevorteig sieben und mit dem Sauerrahm, dem Ei und dem Salz zu einem geschmeidigen Teig verrühren. Diesen nochmals 30 Minuten abgedeckt gehen lassen.
5 Für das Baby 200 g Dinkelflocken-Milchbrei zur Seite nehmen, mit dem Stabmixer fein pürieren und 50 g Zwetschgenmus zufügen.
6 Die restlichen eingeweichten Dinkelflocken unter den Bliniteig heben.
7 Das Butterschmalz in einer Pfanne erhitzen und darin bei mittlerer Hitze je eine kleine Kelle Teig ca. 5–10 Minuten ausbacken, den Blini dabei einmal wenden. Auf diese Weise alle Blinis backen.
8 Das Zwetschgenmus mit einem EL Zimtzucker würzen, den restlichen Zimtzucker über die Blinis streuen und servieren.

Zubereitung 60 Min.

Ergibt ca. 250 g Brei

und ca. 20 Blinis

Warmer Kokos-Couscous

3 Stk. Feigen, getrocknet und in Stückchen geschnitten
100 g Hartweizen-Couscous
300 ml Kokosmilch
200 g frische Feigen, geschält und in Stückchen geschnitten
2 TL flüssiger Honig oder Agavendicksaft
1 Prise Bourbon-Vanillepulver
Schale von ½ Limette, unbehandelt
2 EL Kokosraspeln

1 Die getrockneten Feigenstückchen mit dem Couscous und der Kokosmilch in einem kleinen Topf kurz aufkochen. Bei geschlossenem Deckel 10 Minuten ziehen lassen.
2 Die frischen Feigen unter den Kokos-Couscous heben und kurz mitziehen lassen.
3 Für das Baby 250 g Brei zur Seite nehmen, nach Bedarf mit dem Stabmixer pürieren und auf Esstemperatur abkühlen lassen.
4 Den restlichen Couscous-Brei mit dem Honig bzw. Agavendicksaft, der Vanille und der Limettenschale abschmecken. Vor dem Verzehr mit je einem EL Kokosraspeln bestreuen.

Zubereitung 20 Min.

Ergibt ca. 250 g Brei

Ein warmer Kokostraum, der den kleinen Genießern schon ein wenig Konsistenz fürs Mundgefühl bietet. Ist der Couscous noch zu stückig, kann der Brei natürlich weiterhin fein püriert werden. Die Feigen wirken verdauungsfördernd und stuhlauflockernd. Der Brei kann auch mit Hafermilch oder als Milch-Getreide-Brei mit Kuhmilch anstelle der Kokosmilch zubereitet werden.

Mandelpfannkuchen mit Beerenfüllung

2 Eier
1 Prise Salz
100 ml Vollmilch
80 g Dinkelmehl Type 1050
20 g süße Mandeln, gemahlen
75 ml Mineralwasser mit Kohlensäure
Öl zum Backen
100 g frische oder TK-Beeren, z.B. Himbeeren
30 ml Wasser

1 Die Eier aufschlagen und mit einem Schneebesen mit dem Salz verrühren.
2 Die Milch schluckweise unter Rühren dazugeben.
3 Das Mehl und die Nüsse dazusieben und unterrühren.
4 Das Mineralwasser mit einem Schneebesen zügig unterrühren.
5 Eine Pfanne mit etwas Öl auspinseln und erhitzen.
6 Eine Kelle Teig in die Pfanne geben und bei mittlerer Hitze einen Pfannkuchen ausbacken. Dabei einmal wenden.
7 Mit dem restlichen Teig wie unter Punkt 6 verfahren, dabei gelegentlich etwas Öl in die Pfanne geben.
8 Die Beeren waschen, das Grün und die Stielansätze entfernen und in kleine Stücke schneiden.
9 Im Wasser 5 Minuten gar kochen. TK-Beeren direkt und unaufgetaut ins Garwasser geben.
10 Die Beerensoße durch ein Sieb passieren und auf Verzehrtemperatur abkühlen lassen.
11 Die Pfannkuchen vor dem Verzehr abkühlen lassen und mit der Beerensoße bestreichen.
12 Vor dem Essen zusammenrollen und in etwa 3 cm lange Stücke schneiden.

Zubereitung 25 Min.

+ Backzeit 15 Min.

Ergibt 6 Pfannkuchen

Die weichen Pfannkuchen sind ein Leckerbissen und optimal für die ersten Essversuche aus der Hand, besonders beliebt zum Frühstück für die ganze Familie und in Frischhaltefolie gewickelt auch ein praktischer Snack für unterwegs.

Toastbrot mit Mandelmus-Apfelkompott

100 g Apfel, geschält und entkernt
100 g Mandelmus, ungesüßt
1 Prise Ceylon-Zimt
Ahornsirup oder Honig nach Bedarf
6 dünne Scheiben Camembert oder Brie
4 Scheiben Toastbrot
(Rezept dazu siehe Seite 138)

Das gesunde Mandelmus findet als Zugabe auch in manchem Babybrei Verwendung. Hier dient es als leckerer Brotaufstrich fürs erste Fingerfood.

1 Den Apfel in kleine Stücke schneiden. Mit 50 ml Wasser in einem Topf 5 Minuten köcheln lassen. Abkühlen lassen und mit dem Stabmixer fein pürieren.

2 Das Apfelmus mit dem Mandelmus verrühren und für das Baby 50 g zur Seite nehmen.

3 Das restliche Mandelmus-Apfelkompott mit dem Zimt und nach Bedarf Ahornsirup bzw. Honig abschmecken.

4 Für das Baby eine weiche Toastscheibe mit dem ungewürzten Mandelmus-Apfelkompott bestreichen und in mundgerechte Stücke schneiden.

5 Die restlichen Toastscheiben goldgelb toasten, mit den Käsescheiben und dem gewürzten Mandelmus-Apfelkompott bestreichen und vor dem Servieren diagonal in Dreiecke schneiden.

Zubereitung 15 Min.

Ergibt 4 belegte Toastscheiben

Köstliche Suppen

Die Suppenrezepte sind alle als Hauptmahlzeit für 1 Erwachsenen, 1 Kind und 1 Baby gedacht. Als Vorspeise muss die Menge um 30 Prozent reduziert werden. Die Mengen für den Babybrei bleiben davon unberührt. Die Suppen werden mit Bedacht sehr sämig zubereitet, damit sie für Kinder leichter zu löffeln sind. Wenn Sie die Suppen flüssiger mögen, ergänzen sie entsprechend Wasser.

Karotten-Kürbis-Süßkartoffel-Suppe

300 g Hokkaido-Kürbis, gewaschen, geputzt, entkernt, klein gewürfelt
150 g Karotten, gewaschen, geschabt, klein gewürfelt
400 g Süßkartoffeln, geschält, klein gewürfelt
10 g Butter
200 ml Wasser
2 TL Beikostöl
1–2 EL Obstsaft (Apfel- oder Orangensaft), vorzugsweise frisch gepresst
100 ml Kokosmilch
Salz oder Instant-Gemüsebrühe
½ TL frisch geriebener Ingwer
1 EL Kokosraspeln

Eine herbstliche Gemüsesuppe mit einer süßlich-exotischen Note. Babys ab dem 9. Monat dürfen ein wenig von der Suppe kosten. Alternativ zu den Süßkartoffeln können Sie normale mehligkochende Kartoffeln verwenden. Als Variante bietet sich gekochter Couscous als Einlage.

1 In einem Topf die Butter zerlassen und die Gemüse- und Kartoffelwürfel darin andünsten.

2 Das Wasser angießen und alles 25–30 Minuten dünsten, bis die Würfelstückchen alle weich sind.

3 Für das Baby von der Kartoffel-Gemüse-Mischung 150 g plus 50 ml Kochwasser beiseitestellen und mit dem Stabmixer fein pürieren. Vor dem Essen das Öl und den Saft zugeben.

4 Die Kokosmilch an das restliche Gemüse geben und alles mit einem Stabmixer pürieren. Die Suppe nach Geschmack mit Salz, Brühe und Ingwer abschmecken.

5 Die Suppe in Teller geben und vor dem Verzehr mit Kokosraspeln bestreuen.

Zubereitung 45 Min.

Ergibt ca. 200 g Brei

Cremige Kartoffel-Blumenkohl-Suppe

200 g mehligkochende Kartoffeln, geschält, klein gewürfelt
350 g Blumenkohl, gewaschen, in Röschen zerteilt
350 ml Wasser
2 TL Beikostöl
1–2 EL Obstsaft (Apfel- oder Orangensaft), vorzugsweise frisch gepresst
10 g Butter
10 g Mehl
1 TL Petersilie, fein gehackt
50 ml Sahne
Salz oder Instant-Gemüsebrühe
1 Msp Muskat nach Belieben

1 Die Kartoffelstückchen und Blumenkohlröschen mit dem Wasser in einem Topf zum Kochen bringen und bei niedriger Temperatur ca. 15 Minuten sanft köcheln lassen.
2 Für das Baby 150 g Kartoffel- und Blumenkohlstückchen plus 50 ml Kochwasser beiseitestellen und mit dem Stabmixer fein pürieren. Vor dem Essen das Öl und den Saft zugeben.
3 In einem Topf die Butter zerlassen, das Mehl darübersieben und klumpenfrei verrühren. Das Mehl goldbraun anschwitzen, dann unter ständigem Rühren das restliche Kochwasser einrühren und kurz aufkochen.
4 Die übrigen Kartoffel- und Blumenkohlstückchen dazugeben und die Suppe mit dem Stabmixer fein pürieren.
5 Vor dem Servieren die Petersilie und die Sahne unterrühren und mit Salz bzw. Brühe und Muskat abschmecken.

Zubereitung 45 Min.

Ergibt ca. 200 g Brei

Eine gehaltvolle und sättigende Suppe. Wenn Sie möchten, können Sie sie noch mit angebratenen Speckwürfeln oder, bei Kindern besonders beliebt, klein geschnittenen Wiener Würstchen ergänzen.

Grüne Minestrone mit Grießnocken

30 g Lauch, gewaschen, geputzt, klein geschnitten
50 g Zucchini, gewaschen, geputzt, klein geschnitten
100 g grüne Bohnen, gewaschen, geputzt, klein geschnitten
100 g Erbsen
2 EL Olivenöl
300 ml Wasser
125 ml Vollmilch
15 g Butter
1 Prise Salz
60 g Dinkelvollkorngrieß
1 Ei
2 TL Beikostöl
1–2 EL Obstsaft (Apfel- oder Orangensaft), vorzugsweise frisch gepresst
Salz oder Instant-Gemüsebrühe
1 TL Basilikum, grob gehackt

Eine äußerst vielseitige Suppe, die Sie mit allerlei Gemüsesorten ganz nach Geschmack abwandeln können. Außerhalb der Saison können Sie auch ganz praktisch TK-Gemüse verwenden. Soll es mal schnell gehen, kochen Sie anstelle der Griesnocken einfach ein paar Suppennudeln in der Brühe mit.

1 Das Öl in einem großen Topf erhitzen und die Lauchstücke darin goldbraun anschwitzen.
2 Das restliche Gemüse dazugeben, das Wasser angießen und bei niedriger Temperatur ca. 20–30 Minuten weich garen.
3 Für die Grießnocken die Milch mit Butter und Salz in einem Topf zum Kochen bringen.
4 Den Grieß langsam einrühren, dabei ständig gut weiterrühren, bis der Grieß mit dem Milchgemisch zu einer festen Masse gequollen ist.
5 Den Grießteig aus dem Topf nehmen und abkühlen lassen.
6 Das Gemüse mit einem Schaumlöffel oder Sieb aus dem Garwasser nehmen und beiseitestellen. Davon 100 g Gemüse (ohne Lauch) für den Babybrei fein pürieren.
7 In den erkalteten Grießteig das Ei einkneten und mit einem Teelöffel kleine Nocken aus der Teigmasse stechen.
8 Die Nocken direkt in der Suppenbrühe etwa 10 Minuten kochen lassen, bis sie an der Oberfläche schwimmen.
9 Für den Babybrei ca. 5 Nocken beiseitestellen, klein schneiden und zusammen mit 50 ml Brühe unter den Gemüsebrei geben. Vor dem Essen das Öl und den Saft zugeben.
10 Die restliche Brühe abschmecken, das Gemüse und die Nocken hineingeben und vor dem Servieren mit dem Basilikum bestreuen.

Zubereitung 60 Min.

Ergibt ca. 200–250 g Brei

Babyborschtsch

1 kleine Zwiebel, geputzt, halbiert
200 g Karotten, geschabt, klein geschnitten
250 g Suppenknochen
250 g Rindfleisch, z.B. Tafelspitz
150 g Rote Bete, geschält, klein geschnitten
100 g Spitzkohl, gewaschen, geputzt, klein geschnitten
250 g Kartoffeln, geschält, klein geschnitten
½ TL Kümmel, leicht angestoßen
2 TL Beikostöl
1–2 EL Obstsaft (Apfel- oder Orangensaft), vorzugsweise frisch gepresst, alternativ 1 Schnitz frisches Obst, z.B. Apfel oder Birne
Salz, Pfeffer oder Instant-Gemüsebrühe
1 TL Aceto balsamico
2 EL Tomatenmark
100 g saure Sahne oder Crème fraîche
1 TL Dill, fein geschnitten

Ein leckerer Eintopf, der mit Roter Bete und Rindfleisch besonders viel wertvolles Eisen liefert. Sehr gut schmecken dazu die Kastanienmehl-Dinkelflocken-Blinis von Seite 48.

1. Zwiebel und Karotten zusammen mit den Suppenknochen mit 500 ml kaltem Wasser aufsetzen und zum Kochen bringen.
2. Das Rindfleisch in die kochende Brühe geben, nach dem Aufkochen abschäumen und bei niedriger Temperatur ca. 2 Stunden leicht simmern lassen.
3. Rote Bete, Spitzkohl und Kartoffeln mit dem Kümmel 45 Minuten vor Garzeitende zur Suppe geben.
4. Das Fleisch aus der Suppe nehmen, klein schneiden und wieder hineingeben.
5. Für das Baby 30 g Fleisch und 200 g Kartoffel-Gemüse-Mischung beiseite nehmen, dabei evtl. anhaftende Kümmelsamen entfernen. Zusammen mit 2 EL Brühe mit einer Gabel zerdrücken oder mit dem Stabmixer grob pürieren. Vor dem Essen das Öl und den Saft zugeben bzw. das Obst fein in den Borschtsch reiben.
6. Den restlichen Eintopf mit den Gewürzen, dem Balsamico und dem Tomatenmark abschmecken.
7. Unmittelbar vor dem Servieren in die Mitte einen Klecks saure Sahne und darauf ein wenig Dill geben.

Zubereitung 2 ½ Stunden

Ergibt ca. 250 g Brei

Hauptgerichte

Kürbis-Karotten-Kartoffel-Gratin

Ein feiner Beikostbrei für die ersten Essversuche. Der leicht süßliche Geschmack der Karotten und des Kürbisses mundet den kleinen Essanfängern besonders. Neigt Ihr Baby eher zu Verstopfung, ersetzen sie die Karotten und den Kürbis durch die entsprechende Menge Pastinaken.
Für die Nicht-Vegetarier in der Familie kann das Gratin noch mit gewürfeltem Hinterschinken ergänzt werden.

500 g Kartoffeln, gewaschen und geschält
100 g Karotten, gewaschen und geschält
100 g Hokkaido-Kürbis, gewaschen
2 TL Beikostöl
1–2 EL Obstsaft (Apfel- oder Orangensaft), vorzugsweise frisch gepresst
½ TL Gemüsebrühe
100 ml Sahne
50 g z.B. Emmentaler, Gouda, gerieben
50 g Blauschimmelkäse, z.B. Gorgonzola

1. Die Kartoffeln auf einem Gemüsehobel in dünne Scheiben schneiden.
2. Die Karotten ebenfalls in dünne Scheiben schneiden. Den Kürbis in kleine Würfel schneiden. Das Gemüse mit den Kartoffelscheiben in einen Topf geben.
3. 150 ml Wasser über die Gemüsestücke gießen, alles einmal aufkochen und bei niedriger Hitze ca. 10 Minuten ziehen lassen, bis alles weich gegart ist.
4. Den Backofen auf 180 °C vorheizen.
5. Für das Baby von der Kartoffel-Gemüse-Mischung 200 g beiseite nehmen und mit dem Stabmixer fein pürieren. Vor dem Essen das Öl und den Saft zugeben.
6. Die Gemüsebrühe in der Sahne auflösen und die restliche Kartoffel-Gemüse-Mischung mit der Sahnesoße in eine Auflaufform geben.
7. Zuletzt den Käse darüberstreuen und alles im Backofen ca. 20–25 Minuten backen.

Zubereitung 45 Min.

Ergibt ca. 250 g Brei

Überbackene Spinat-Buchweizen-Pfannkuchen

75 g Buchweizen
300 g frischer Blattspinat, alternativ TK-Blattspinat
1 Ei
1 Prise Salz
75 ml Vollmilch, 3,5% Fett
40 g Dinkelmehl Type 1050
20 g Buchweizenmehl
60 ml Mineralwasser mit Kohlensäure
Öl zum Backen
2 TL Beikostöl
1–2 EL Obstsaft (Apfel- oder Orangensaft), vorzugsweise frisch gepresst
50 g Crème fraîche
2 EL Tomatenmark
100 g Mozzarella
50 g Käse (Gouda, Edamer, Emmentaler), gerieben
2 TL frisches Basilikum, fein gehackt

Nutzen Sie für Ihr Baby die Spinatsaison von April bis Juli. Das zartschmeckende Gemüse enthält sonnengereift und frisch geerntet am wenigsten Nitrat. Alternativ können Sie jederzeit zu Tiefkühlware greifen. Babys ab dem 8. Lebensmonat freuen sich auch schon über ein Stück Buchweizenpfannkuchen, das sie selber aus der Hand essen können.

1 Die Buchweizen mit 200 ml Wasser zum Kochen bringen und bei niedriger Temperatur ca. 20–25 Minuten köcheln lassen.
2 Die Blätter des Spinats von den Stängeln zupfen und 10 Minuten vor Garzeitende zu den Buchweizen geben. Bei Verwendung von TK-Spinat bitte 5 Minuten mehr Garzeit berücksichtigen.

3 Für die Pfannkuchen das Ei aufschlagen und mit einem Schneebesen mit dem Salz verrühren.
4 Die Milch schluckweise unter Rühren dazugeben.
5 Das Dinkel- und Buchweizenmehl dazusieben und unterrühren.
6 Das Mineralwasser mit einem Schneebesen zügig unterrühren.
7 Eine Pfanne mit etwas Öl auspinseln und erhitzen.
8 Eine Kelle Teig in die Pfanne geben und bei mittlerer Hitze einen Pfannkuchen ausbacken, dabei einmal wenden.
9 Mit dem restlichen Teig wie unter Punkt 8 verfahren, dabei gelegentlich etwas Öl in die Pfanne geben. Die Teigmenge ergibt zwei große und zwei kleine Pfannkuchen.
10 Für das Baby von der Spinat-Buchweizen-Mischung 200 g beiseite nehmen und mit dem Stabmixer fein pürieren. Vor dem Essen das Öl und den Saft zugeben.
11 Die restliche Spinat-Buchweizen-Mischung mit der Crème fraîche, dem Tomatenmark, dem Mozzarella und Salz und Pfeffer abschmecken.
12 Die Pfannkuchen mit der Mischung gleichmäßig bestreichen, aufrollen und in eine gefettete Auflaufform legen.
13 Mit dem geriebenen Käse bestreuen und bei 150 °C Oberhitze 5 Minuten überbacken, bis der Käse geschmolzen ist.
14 Die Pfannkuchen vor dem Verzehr nach Belieben mit frischem Basilikum bestreuen.

Zubereitung 30 Min.

Ergibt ca. 200 g Brei

Backen Sie dafür einfach separat aus dem noch ungesalzenen Teig einen kleinen Pfannkuchen und rollen Sie ihn zur besseren Handhabung ein. Die Pfannkuchen schmecken übrigens auch mit süßem Aufstrich, Kompott oder Fruchtsoße. Sie sind außerdem eine leckere und gesunde Wahl für das erste Frühstück Ihres Babys und auch ein guter Snack für zwischendurch.

Blumenkohl-Kartoffel-Plätzchen mit Joghurtdip

400 g Kartoffeln, gewaschen
300 g Blumenkohlröschen, gewaschen
2 TL Beikostöl
1–2 EL Obstsaft (Apfel- oder Orangensaft), vorzugsweise frisch gepresst
1 Ei
1 TL Kräutersalz
25 g Mehl
2 EL Olivenöl
50 g Naturjoghurt
50 g Kräuterfrischkäse
50 ml Vollmilch
3 EL gehackte Kräuter (Petersilie, Dill oder Kerbel)
2 Prisen Zucker
1 Prise Salz
1 Spritzer Zitrone oder Limette

Ein feiner und bekömmlicher Brei. Für Fingerfood-Esser ab dem 8. Monat sollten Sie unbedingt ein paar Blumenkohlröschen zur Seite nehmen. Die Plätzchen dürfen kleine Beikostesser ab dem 10. Monat auch schon probieren.

1 Die Kartoffeln in einem Topf mit Wasser ca. 25 Minuten weich garen.
2 Den Blumenkohl in einem Topf mit 100 ml Wasser 10–15 Minuten garen.
3 Die Kartoffeln abgießen, pellen und durch eine Kartoffelpresse drücken bzw. mit einem Kartoffelstampfer zerdrücken.
4 Für den Babybrei 100 g Blumenkohl und 50 ml Kochwasser mit dem Stabmixer fein pürieren und 50 g Kartoffelstampf unterrühren. Vor dem Essen das Öl und den Saft zugeben.
5 Die Blumenkohlröschen fein zerteilen und unter die Kartoffelmasse mischen. Etwas abkühlen lassen.
6 Das Ei, das Kräutersalz und das Mehl unter die Kartoffel-Blumenkohl-Masse geben und alles zu einem gleichmäßigen Teig kneten.
7 Das Olivenöl in einer Pfanne erhitzen. Aus dem Teig gleich große Plätzchen von ca. 4 cm Durchmesser formen und in dem Öl von beiden Seiten je 5 Minuten braten.
8 Für den Dip den Joghurt mit dem Frischkäse, der Milch, den Kräutern, dem Zucker, dem Salz und dem Zitronensaft verrühren und zu den Blumenkohl-Kartoffel-Plätzchen reichen.

Zubereitung 60 Min.

Ergibt ca. 200 g Brei

Ergibt ca. 8 Plätzchen

Pastinaken-Nudelpfanne mit Champignon-Rahmsoße

150 g Dinkelvollkornnudeln, z.B. Penne
300 g Pastinaken, geschält, grob geraspelt
1 EL Rapsöl
1 Schalotte, geschält, fein gewürfelt
150 g Champignons, geputzt, in dünne Scheiben geschnitten
1 EL Butter
1 TL frische Kräuter, gehackt, z.B. Petersilie, Schnittlauch
150 ml Sahne
2 TL Beikostöl
1–2 EL Obstsaft (Apfel- oder Orangensaft), vorzugsweise frisch gepresst
Salz und Pfeffer

1 Die Nudeln in ausreichend ungesalzenem Wasser gar kochen.
2 Das Öl in einer tiefen Pfanne leicht erhitzen und die Gemüseraspeln darin kurz anschwitzen. 50 ml Wasser angießen und die Pastinaken ca. 5–8 Minuten weich garen.
3 Die Butter in einem kleinen Topf leicht erhitzen und die Schalotten und die Pilze darin leicht anbraten. Die Kräuter und die Sahne zugeben und alles 5 Minuten bei niedriger Hitze garen.
4 Die Nudeln durch ein Küchensieb abgießen.
5 Für den Babybrei 100 g Pastinaken und 50 g gekochte Nudeln zur Seite nehmen, mit einem Stabmixer fein pürieren; vor dem Essen Öl und Saft zugeben.
6 Die restlichen Nudeln zu den Pastinakenraspeln in die Pfanne geben, die Champignon-Rahmsoße dazugeben und alles gut vermengen. Vor dem Servieren mit Salz und Pfeffer abschmecken.

Zubereitung 30 Min.

Ergibt ca. 180 g Brei

Pastinaken enthalten viel Eisen, das wichtig für die Blutbildung und ein gesundes Wachstum ist. Für Babys ab dem 8. Lebensmonat können Sie auch ein paar gekochte Nudeln klein geschnitten in den Brei geben.

Kürbis-Karotten-Feta-Quiche

150 g Dinkelmehl Type 1050
75 g Butter
1 Ei
1 Prise Salz
300 g Karotten, gewaschen und geschält
250 g Hokkaido-Kürbis, gewaschen
50 g Couscous
2 TL Beikostöl
1–2 EL Obstsaft (Apfel- oder Orangensaft), vorzugsweise frisch gepresst
150 g Feta
1 Ei
75 ml Sahne

Ein bekömmlicher und leckerer Babybrei, kombiniert mit einem raffinierten Gericht für die Großen. Der Mürbeteig lässt sich auch schon am Vorabend zubereiten und wartet im Kühlschrank auf seinen Einsatz. Achten Sie beim Verarbeiten immer auf eine ausreichende Kühlung des Teigs.

1. Das Mehl, die Butter, das Ei und das Salz zügig miteinander verkneten und in Frischhaltefolie verpackt mindestens 30 Minuten im Kühlschrank ruhen lassen.
2. Die Karotten in dünne Scheiben schneiden, den Kürbis in kleine Würfel schneiden.
3. Das Gemüse mit dem Couscous und 150 ml Wasser in einem Topf zum Kochen bringen und ca. 10 Minuten bei niedriger Hitze weich garen.
4. Für den Babybrei 200 g Kürbis-Karotten-Couscous zur Seite nehmen, bei Bedarf mit dem Stabmixer pürieren und vor dem Verzehr das Öl und den Saft zugeben.
5. Den Backofen auf 200 °C vorheizen.
6. Den Mürbeteig etwas größer als den Boden der Springform ausrollen und diese damit auskleiden. Dabei einen ca. 3 cm hohen Rand formen.
7. Den Feta, das Ei und die Sahne miteinander vermengen und unter die restliche Kürbis-Karotten-Couscous-Masse rühren. Diese auf den Mürbeteig geben und alles ca. 40 Minuten backen, bis die Quiche goldgelb gebräunt ist.

Zubereitung 90 Min.

Ergibt ca. 200 g Brei

Mangold-Kräuter-Omelette mit Butterkartoffeln

300 g Kartoffeln
500 g Mangold, gewaschen, vom Strunk befreit und klein geschnitten
2 Eier
2 TL Gartenkräuter, gehackt
Salz und Pfeffer
2 EL Rapsöl
1 EL Butter
2 TL Beikostöl
1–2 EL Obstsaft (Apfel- oder Orangensaft), vorzugsweise frisch gepresst

1 Die Kartoffeln in Wasser weich kochen.
2 Den Mangold in einem Topf mit 50 ml Wasser 10 Minuten weich dünsten.
3 Die Eier trennen, ein Eigelb zur Seite nehmen und mit dem Mangold die letzten 5 Minuten durchgaren.
4 Die restliche Eiermasse mit etwas Salz, Pfeffer und den Kräutern verschlagen.
5 Für den Babybrei 100 g gekochten Mangold und das gegarte Eigelb zur Seite nehmen.
6 Den restlichen Mangold unter die Eiermasse rühren.
7 In einer Pfanne einen EL Rapsöl leicht erhitzen und darin eine Mangold-Omelette 2 Minuten von jeder Seite braten. Mit der zweiten Portion ebenso verfahren.
Die Kartoffeln pellen, vierteln und in der geschmolzenen Butter schwenken.
8 Für den Babybrei 50 g gekochte Kartoffeln zur Seite nehmen. Den Mangold und das Ei mit dem Stabmixer pürieren, die Kartoffeln mit einer Gabel zerdrücken und unterrühren. Vor dem Essen das Öl und den Saft hinzufügen.
9 Die fertigen Omeletten mit den Butterkartoffeln servieren. Dazu schmeckt ein bunter Sommersalat.

Für kleine Fingerfood-Liebhaber können Kartoffel und Mangold auch in mundgerechten Stückchen und das Ei als Rührei serviert werden.

Zubereitung 40 Min.

Ergibt ca. 200 g Brei

Kohlrabischnitzel mit Kartoffelsalat

300 g Kartoffeln
2 Eier
500 g Kohlrabi, geschält und in 0,5 cm breite Scheiben geschnitten
50 g Salatgurke, geschält und geraspelt
2 TL Instant-Gemüsebrühe
½ TL mittelscharfer Senf
50 ml heißes Wasser
2 EL Rapsöl
1 TL Leinöl
2 EL Aceto balsamico, hell, alternativ Apfelessig plus
1 TL Zucker
Salz und Pfeffer
2 EL Rapsöl
2 TL Beikostöl
1–2 EL Obstsaft (Apfel- oder Orangensaft)
5 EL Vollkorn-Semmelbrösel
1 EL Kresse

1 Die Kartoffeln in Wasser weich kochen, schälen und in dünne Scheiben schneiden. Für den Babybrei 50 g gekochte Kartoffeln zur Seite nehmen.
2 Die Eier trennen, ein Eigelb zur Seite nehmen, das restliche Ei verschlagen.
3 Den Kohlrabi in einem Topf mit wenig Wasser ca. 5 Minuten kochen. Bis auf 2 Scheiben alle herausnehmen und auf Küchenpapier legen, die restlichen zwei Scheiben mit dem Eigelb weitere 5 Minuten gar kochen.

4 Die Salatgurkenraspeln mit den Kartoffelscheiben in eine Salatschüssel geben.
5 Aus Gemüsebrühe, Senf, Wasser, Öl und Essig eine Vinaigrette zubereiten, mit Salz und Pfeffer abschmecken und über den Kartoffel-Gurkensalat geben. Gut durchmischen und mindestens 10 Minuten ziehen lassen.
6 Das Rapsöl in einer Pfanne erhitzen.
7 Das verschlagene Ei und die Semmelbrösel jeweils in einen flachen Teller geben, die Kohlrabischeiben zuerst im Ei, dann in den Bröseln wenden und portionsweise in dem Öl von beiden Seiten goldbraun backen.
8 Für den Babybrei die zwei gekochten Kohlrabischeiben und das Ei mit dem Stabmixer pürieren oder mit einer Gabel fein zerdrücken, die 50 g Kartoffeln in mundgerechten Stückchen dazugeben. Vor dem Essen das Öl und den Saft zugeben.
9 Die Kohlrabischnitzel noch warm mit dem Kartoffelsalat servieren und mit der Kresse garnieren.

Zubereitung 60 Min.

Ergibt ca. 200 g Brei

Das Eigelb ist ab dem 7. Monat ein guter, gelegentlicher Fleischersatz, da es viele wertvolle Spurenelemente liefert, außerdem das wichtige Vitamin D. Für kleine Fingerfood-Liebhaber kann der Kohlrabi auch in mundgerechten Stückchen und das Ei als Rührei serviert werden.

Bunte Nudelnester

150 g Vollkorn-Spaghetti
100 g gelbe Paprika, gewaschen und gewürfelt
150 g Karotten, gewaschen und gewürfelt
150 g Zucchini, gewaschen und gewürfelt
1 EL Olivenöl
1 Ei
2 EL Paprika-Frischkäse
2 EL Sonnenblumenkerne
optional 100 g Hinterschinken, in feine Streifen geschnitten
100 g Käse, gerieben
Salz und Pfeffer
Öl oder Butter für die Form
2 TL Beikostöl
1–2 EL Obstsaft (Apfel- oder Orangensaft), vorzugsweise frisch gepresst, oder ein wenig frisches Obst als Nachtisch
2 EL Schnittlauch, geschnitten

Liebt Ihr Baby Fingerfood, kann es auch schon ein wenig von den Nudelnestern probieren. Entfernen Sie in diesem Fall aber sorgfältig alle Sonnenblumenkerne – es könnte sich sonst leicht daran verschlucken.

1 Die Nudeln in ausreichend ungesalzenem Wasser ca. 10 Minuten bissfest kochen. Danach abgießen und abkühlen lassen.
2 Das Gemüse mit Olivenöl 10 Minuten bei niedriger Temperatur dünsten.
3 Für das Baby 100 g Gemüsewürfel beiseite nehmen, 50 g gekochte Vollkorn-Spaghetti dazugeben und alles zur Seite stellen.
4 Den Backofen auf 160 °C vorheizen.
5 Gemüsewürfel, Ei, Frischkäse, die Sonnenblumenkerne und eventuell Schinken gleichmäßig vermengen, 50 g Käse unterheben und mit Salz und Pfeffer würzen.
6 Ein Muffinblech oder 8 Muffinförmchen fetten, die Spaghetti nestförmig einfüllen und die Gemüse-Mischung darauf verteilen.
7 Die Nudelnester mit dem restlichen Käse bestreuen und ca. 30 Minuten backen, bis die Oberfläche leicht goldbraun ist.
8 Für das Babygericht die Gemüsewürfel und die Spaghetti in einem Topf in 2 EL Wasser kurz auf Esstemperatur erwärmen. Die Nudeln klein schneiden, das Gemüse mit dem Stabmixer und etwas Wasser grob pürieren und unter die Nudeln rühren. Vor dem Essen das Öl und den Saft zugeben.
9 Die Nudelnester vor dem Verzehr mit dem Schnittlauch bestreuen.

Zubereitung 60 Min.

Ergibt ca. 200 g Babygericht

Brokkoli-Kartoffel-Puffer

400 g Kartoffeln, geschält und geraspelt
350 g Brokkoli, gewaschen
100 g Apfel, geschält, entkernt und gewürfelt
40 g Mehl
1 Ei
¼ TL Salz
2 EL Bratöl oder Butterschmalz
2 TL Beikostöl
1–2 EL Obstsaft (Apfel- oder Orangensaft), vorzugsweise frisch gepresst, oder ein wenig frisches Obst als Nachtisch

1 Sind die Kartoffeln noch sehr feucht, diese durch ein feines Sieb ausdrücken, dabei den austretenden Saft auffangen und kurz stehen lassen, bis sich die Kartoffelstärke am Boden absetzt. Das Wasser dann vorsichtig abgießen und die Stärke wieder zu den Kartoffelraspeln geben. Für den Babybrei 50 g Kartoffelraspeln zur Seite nehmen.
2 Den Brokkoli in Röschen zerteilen. Brokkoliröschen, Apfelwürfel und die 50 g Kartoffelraspeln zusammen in einem Topf mit wenig Wasser 10 Minuten garen.
3 Das Mehl, das Ei und das Salz zu den Raspeln geben und alles zu einer gleichmäßigen Masse verkneten.
4 Für das Baby 50 g Brokkoli, die Apfelwürfel und die gekochten Kartoffelraspeln zur Seite stellen, den restlichen Brokkoli mit den Fingern zerbröseln und gleichmäßig unter die Kartoffelmasse mengen.
5 Das Öl oder Butterschmalz in einer Pfanne erhitzten und mit einem Esslöffel die Kartoffelmasse portionsweise in das heiße Öl geben, flachdrücken und von beiden Seiten goldbraun backen.
6 Für den Babybrei den Brokkoli mit einem Stabmixer fein pürieren. Die Apfelwürfel und die Kartoffelraspeln dazugeben. Vor dem Essen das Öl und den Saft zugeben.

Zubereitung 30 Min.

Ergibt ca. 200 g Babygericht

In diesen Puffern versteckt schmeckt Kindern sogar der sonst eher unbeliebte Brokkoli. Die Kleinen bevorzugen meist Apfelkompott dazu, den Erwachsenen schmecken sie mit rohem Schinken, Räucherlachs oder mit einer Scheibe Camembert überbacken. Brokkoli enthält viel Kalzium, das wichtig für einen stabilen Knochenaufbau ist. Babys ab dem 10. Lebensmonat dürfen gerne auch schon einen Puffer probieren.

Gefüllte Linsen-Hirse-Paprika

2 gelbe Paprikaschoten, gewaschen, ausgehöhlt
30 g Zwiebel, geschält, fein gehackt
100 g Zucchini, gewaschen, fein geraspelt
150 g Karotte, geschabt, fein geraspelt
1 EL Olivenöl
30 g Hirse, gründlich heiß gewaschen
30 g rote Linsen, geschält
150 ml Wasser
2 TL Beikostöl
1–2 EL Obstsaft
100 g Tomate, gewaschen, fein gewürfelt
5 grüne Oliven, klein geschnitten
3 EL Kräuterfrischkäse
50 g Mozzarella, klein gewürfelt
½ TL Kräutersalz
350 ml Tomaten-Passata
½ TL italienische Kräuter, getrocknet
3 EL Parmesan

1 Das Öl in einem Topf erhitzen und das Gemüse darin kurz andünsten.
2 Die Hirse mit den Linsen dazugeben. Das Wasser angießen und bei mittlerer Hitze ca. 15 Minuten köcheln, dann auf ausgeschalteter Platte 15 Minuten quellen lassen.
3 Für den Babybrei von der Gemüse-Hirse-Linsen-Mischung 200 g zur Seite nehmen, nach Bedarf pürieren oder mit einer Gabel zerdrücken. Vor dem Verzehr Öl und Saft hinzufügen.
4 Oliven, Tomaten, Frischkäse und Mozzarella unter die Hirsemasse rühren. Mit Kräutersalz abschmecken.
5 Die Masse in die Paprikaschoten füllen und diese bei geschlossenem Topf in dem mit den Kräutern erhitzten Tomaten-Passata etwa 30 Minuten dünsten.
6 5 Minuten vor Garzeitende den Parmesan über die Paprikaschoten streuen.

Zubereitung
75 Min.

Ergibt ca. 200 g
Babygericht

Rote Linsen sind schnell gar und liefern hochwertiges Eiweiß. Sie schmecken leicht süßlich und sind für Babys leicht verdaulich. Anstelle der Hirse können Sie auch Reis oder Couscous verwenden.

Gefüllte Zucchini mit Gemüseragout

Zwei mittelgroße Zucchini, ca. 250 g, gewaschen und halbiert
1 gelbe Paprikaschote, gewaschen
200 g Tomaten, gewaschen
2 EL Olivenöl
Salz und Pfeffer
1 TL Zucker
2 TL italienische Kräuter
150 g Parmesan, gerieben
1 EL Olivenöl
1 kleine Zwiebel, gehackt
200 g passierte Tomaten
1 EL Aceto balsamico
1 TL Zucker
1 Zweig Rosmarin
2 Zweige Oregano
150 g Nudelhörnchen
2 TL Beikostöl
1–2 EL Obstsaft (Apfel- oder Orangensaft), vorzugsweise frisch gepresst, alternativ ein wenig frisches Obst als Nachtisch

Ein leckeres Sommergericht, das der ganzen Familie schmeckt und äußerst variabel ist: Ergänzen Sie das Gemüseragout nach Belieben mit Auberginen, Karotten oder Gemüsefenchel. Statt dem Parmesan können Sie auch Feta oder Mozzarella verwenden. Für Fleischliebhaber kann auch noch etwas Rinderhackfleisch in das Ragout.

1. Die Zucchini aushöhlen und in eine Auflaufform geben.
2. Das restliche Gemüse mit dem Zucchinifruchtfleisch fein würfeln.
3. Die Gemüsewürfel andünsten und bei geringer Hitze ca. 15 Minuten garen.
4. Den Backofen auf 200 °C vorheizen.
5. Für den Babybrei 150 g Gemüseragout zur Seite nehmen, den Rest mit Salz, Pfeffer, dem Zucker und den Kräutern abschmecken.
6. Das gewürzte Ragout auf die Zucchinihälften verteilen, mit Parmesan bestreuen und im Backofen ca. 20 Minuten überbacken.
7. Für die Tomatensoße das Öl in einem Topf erhitzen, die Zwiebelstückchen darin glasig dünsten, mit den passierten Tomaten aufgießen. Aceto balsamico, Zucker und Kräuter hinzufügen und bei schwacher Hitze 15 Minuten köcheln. Vor dem Servieren die Kräuterzweige entfernen und mit Salz und Pfeffer abschmecken.
8. Die Nudeln in ausreichend Salzwasser weich kochen.
9. Für den Babybrei 50 g gekochte Nudeln zu dem ungewürzten Gemüseragout geben, nach Bedarf pürieren oder mit einer Gabel zerdrücken. Vor dem Verzehr das Öl und den Saft hinzufügen.
10. Die Zucchini mit den Nudeln und der Tomatensoße servieren.

Zubereitung 45 Min.

Ergibt ca. 200 g Babygericht

Warmer Nudelsalat

100 g Erbsen, TK
150 g Karotten, geschält und gewürfelt
50 g Blattspinat, TK
200 g Vollkornnudeln, Hörnchen, Spirelli oder Penne
2 Eier
2 TL Beikostöl
1–2 EL Obstsaft (Apfel- oder Orangensaft), vorzugsweise frisch gepresst, alternativ ein wenig frisches Obst als Nachtisch
3 EL milder Essig, z.B. Aceto balsamico, hell, alternativ 1 EL Zitronensaft
2 EL Olivenöl
2 TL Leinöl
2 EL Sahne
1 Prise Zucker
Salz, Pfeffer
100 g Mozzarella

1 Die Erbsen in 150 ml Wasser 15–20 Minuten weich kochen.
2 Die Karotten zusammen mit dem Spinat 10 Minuten vor Garzeitende zu den Erbsen geben.
3 Die Nudeln in ausreichend Wasser bissfest kochen und kurz unter kaltem Wasser abschrecken.
4 Die Eier in kaltem Wasser zum Kochen bringen und ca. 10 Minuten hart kochen. Kurz abkühlen lassen und die Schale abpellen. In kleine Stücke schneiden.
5 Für den Babybrei 100 g gekochtes Gemüse, 50 g gekochte Nudeln und ein gekochtes Eigelb zur Seite nehmen, nach Bedarf mit dem Stabmixer pürieren oder mit einer Gabel zerdrücken. Vor dem Verzehr das Öl und den Saft hinzufügen.
6 Aus dem Essig, dem Öl, der Sahne, dem Zucker und nach Belieben Salz und Pfeffer ein schmackhaftes Dressing anrühren.
7 Den Mozzarella in kleine Stücke schneiden.
8 Die Nudeln mit den übrigen Zutaten und dem Dressing gut vermischen und vor dem Verzehr nochmals kurz durchziehen lassen.

Zubereitung 30 Min.

Ergibt ca. 200 g Babygericht

Der warme Nudelsalat eignet sich hervorragend zum Übergang zur Familienkost, kann er doch beliebig mit Gemüsesorten variiert werden und ist besonders als Fingerfood sehr beliebt. Sie können den Nudelsalat auch schon am Vortag zubereiten und im Kühlschrank aufbewahren, eventuell benötigen Sie dann aber ca. 30 Prozent mehr Dressing. Möchten Sie ihn als Beilage genießen, genügt die Hälfte der Menge.

Brokkoli-Käsespätzle

300 g Brokkoli, gewaschen
200 g Dinkelmehl Type 1050
2 Eier
2 TL Beikostöl
1 Schnitz | Stück frisches Obst
100 g Käse, z.B. Emmentaler, Bergkäse, Gouda, gerieben
1 EL Schnittlauch, klein geschnitten

1 Den Brokkoli in kleine Röschen zerteilen und in einem Topf mit wenig Wasser ca. 8 Minuten weich kochen.
2 Die Hälfte des Brokkoli fein pürieren und etwas abkühlen lassen, den Rest zur Seite stellen.
3 Für den Spätzleteig das Mehl, die Eier, das Brokkolipüree und 150 ml Wasser zu einem geschmeidig glatten Teig verarbeiten.
4 Einen großen Topf zu zwei Dritteln mit Wasser füllen, das Wasser zum Kochen bringen und den Teig portionsweise durch einen Spätzlehobel in das kochende Wasser reiben.
5 Die Spätzle kurz aufkochen lassen, bis sie an der Wasseroberfläche schwimmen.
6 Die Spätzle durch ein Sieb abgießen, abtropfen lassen und sofort mit dem zerkleinerten Brokkoli vermischen.
7 Für das Baby ca. 250 g Brokkoli-Spätzle zur Seite nehmen, vor dem Verzehr das Öl hinzufügen. Das Obst nach Wunsch mit einer Gemüsereibe zu den Spätzle reiben oder als Nachtisch servieren.
8 Die restlichen Spätzle mit dem geriebenen Käse vermengen und mit Schnittlauch bestreuen.

Zubereitung 40 Min.

Ergibt ca. 250 g Babygericht

Spätzle sind sehr beliebtes Fingerfood für kleine Essanfänger. Wenn die Zeit mal knapp ist, können die Spätzle vorgekocht und dann unmittelbar vor dem Essen erwärmt und mit Käse bestreut werden. Etwa ab dem 11. Monat beginnen die Babys an einer geeigneten Familienkost teilzunehmen. Nach wie vor sollte auf eine ausgewogene Nährstoffzufuhr geachtet werden. Als Vitamin C-Lieferant dient nun ein Stück frisches Obst, roh ins Essen gerieben oder als Nachtisch.

Familienessen
Etwa ab dem 11. Monat essen Babys keinen extra Brei, sondern es wird babygerechte Familienkost serviert.

Grünkern-Gemüse-Taler

150 g Grünkernschrot
150 g Brokkoli, gewaschen
100 g Karotten, gewaschen
50 g Haferflocken
2 Eier
1 EL Petersilie, gehackt
100 g Käse, gerieben
Semmelbrösel
Salz und Pfeffer
2 EL Bratöl
2 TL Beikostöl
1 Stück frisches Obst

1. Den Grünkernschrot in einem Topf mit 300 ml Wasser zum Kochen bringen, auf niedrigster Stufe ca. 20 Minuten kochen lassen.
2. Den Brokkoli in sehr kleine Stücke zerteilen, die Karotten auf einer Gemüsereibe raspeln. Zusammen mit den Haferflocken die letzten 10 Minuten mit dem Grünkernschrot kochen.
3. Den Grünkern-Hafer-Gemüse-Brei abkühlen lassen.
4. Die Eier, die Petersilie und den Käse unterkneten und ausreichend Semmelbrösel hinzufügen, so dass ein fester, formbarer Teig ensteht.
5. Für das Baby ca. 200 g Teig zur Seite nehmen, den Rest mit Salz und Pfeffer herzhaft abschmecken.
6. Das Bratöl in einer Pfanne erhitzen, aus dem Teig gleichmäßige Taler (ca. 5 cm Durchmesser) formen und bei mittlerer Hitze auf jeder Seite ca. 8 Minuten anbraten.
7. Für das Baby den ungewürzten Bratlingteig ebenso zubereiten, vor dem Verzehr das Beikostöl darüberträufeln. Das Obst nach Wunsch mit einer Gemüsereibe als Beilage zu den Bratlingen reiben oder als Nachtisch servieren.

Zubereitung 40 Min.

Ergibt ca. 200 g Babygericht

Die leckeren Bratlinge schmecken sowohl warm als auch kalt und sind auch hervorragend unterwegs oder fürs Picknick geeignet. Fleischesser können einen Teil des Grünkernschrots und die Haferflocken auch durch frisches Rinderhackfleisch ersetzen.
Isst Ihr Baby noch gerne Brei, können Sie auch von dem gekochten Grünkern-Hafer-Gemüse-Brei eine Portion zur Seite nehmen und diese als Mahlzeit servieren.

Kürbis-Gnocchi in Sahnesoße

300 g Kartoffeln, mehligkochend
1 mittelgroßer Hokkaido-Kürbis, ca. 1 kg, gewaschen
150 g Mehl
30 g Dinkelgrieß
1 Ei
1 EL Butter
200 ml Sahne
2 TL Beikostöl
1 Schnitz | Stück frisches Obst
Salz und Pfeffer
Currypulver, mild

Außerhalb der Kürbiszeit können Sie nach Belieben anderes Gemüsepüree für den Gnocchiteig verwenden, z.B. von gekochten Karotten oder Erbsen. Fleischesser können das Gericht noch mit ein paar Streifen gekochtem Schinken aufpeppen.
Isst Ihr Baby noch gerne Brei, können Sie auch von dem gekochten Kürbis-Kartoffel-Gemüsebrei eine Portion zur Seite nehmen und diese als Mahlzeit servieren.

1 Die Kartoffeln in Wasser gar kochen, pellen und durch die Kartoffelpresse drücken.
2 Das innere Kerngehäuse aus dem Kürbis entfernen. Das Kürbisfruchtfleisch in kleine Würfel schneiden.
3 Die Hälfte des Kürbisfleischs in einem Topf mit wenig Wasser ca. 5 Minuten weich dünsten. Ebenfalls durch die Kartoffelpresse drücken.
4 Das Kürbispüree mit dem Kartoffelpüree, dem Mehl, dem Grieß und dem Ei zu einem gleichmäßigen Teig verkneten.
5 Den Teig auf einer bemehlten Unterlage in mehrere 1 cm dicke Rollen formen und davon ca. 1 cm breite Stücke abschneiden. Diese zu länglich-ovalen Gnocchi formen.
6 In einem großen Topf ca. 2 Liter Wasser zum Kochen bringen, die Gnocchi hineingeben und in 4–5 Minuten gar kochen. Aus dem Wasser nehmen und auf Küchenkrepp kurz abtropfen lassen.
7 Die Butter in einer Pfanne zerlassen und die restlichen Kürbiswürfel darin leicht anbraten. Mit 50 ml Wasser angießen und 5 Minuten weich kochen. Die Sahne und die Gnocchi dazugeben und alles weitere 2–3 Minuten ziehen lassen.
8 Für das Baby 200 g Kürbis-Gnocchi aus der Soße nehmen und unmittelbar vor dem Verzehr das Beikostöl dazugeben. Das Obst nach Wunsch mit einer Gemüsereibe als Beilage zu den Bratlingen reiben oder als Nachtisch servieren.
9 Die restlichen Kürbis-Gnocchi in Sahnesoße mit den Gewürzen abschmecken.

Zubereitung
45 Min.

Ergibt ca. 200 g
Babygericht

Kalbsschnitzel mit Karotten-Safran-Risotto

20 g Butter
100 g Risottoreis
500 g Karotten, geschält und geraspelt
2 Kalbsschnitzel à 150 g
2 EL Olivenöl
50 g Kirschtomaten
50 ml Sahne
2 TL Beikostöl
1–2 EL Obstsaft (Apfel- oder Orangensaft), vorzugsweise frisch gepresst
1 Msp Safran
Salz und weißer Pfeffer
50 g Parmesan, gerieben

Ein köstliches Gericht, das viel Eisen und Zink liefert. Auch älteren Babys und Kleinkindern schmeckt das Risotto, ab dem 8. Monat können Sie nach und nach auf das Pürieren des Gemüsereises verzichten.
Als Sommergericht schmeckt das Risotto auch mit geriebener Zucchini und etwas frischem Oregano, das Kalbsschnitzel kann mit Basilikum, Salbei und Mozzarella gratiniert werden.

1. Die Butter in einem Topf zerlassen und den Reis kurz darin andünsten. Mit 250 ml Wasser portionsweise unter Rühren aufgießen und ca. 20 Minuten köcheln lassen.
2. Die Karottenraspeln 10 Minuten vor Garzeitende zum Reis hinzufügen und mitgaren.
3. Von einem Kalbsschnitzel 30 g beiseite nehmen und in kleine Streifen schneiden. Diese ebenfalls die letzten 10 Minuten mit dem Gemüsereis garen.
4. Den Backofen auf 150 °C vorheizen.
5. Die restlichen Kalbsschnitzel flachdrücken und im Olivenöl bei mittlerer Hitze von jeder Seite ca. 1 Minute leicht anbraten. Dann die Kalbsschnitzel in eine feuerfeste Form legen, die gewaschenen und halbierten Kirschtomaten und die Sahne hinzufügen und ca. 10–15 Minuten fertiggaren.
6. Für das Baby von dem Reis-Gemüse-Brei inklusive den Kalbsfleischstreifen 200 g beiseite nehmen und mit dem Stabmixer fein pürieren. Vor dem Essen das Öl und den Saft zugeben.
7. Das restliche Risotto mit dem Safran, Salz und Pfeffer abschmecken und unmittelbar vor dem Servieren den Parmesan unterrühren.

Zubereitung 45 Min.

Ergibt ca. 200 g Brei

Geschmorte Putenbrust mit Fenchel-Orangen-Reis

500 g Bio-Putenbrust am Stück, kalt abgespült, trockengetupft
Salz und Pfeffer
1 EL Butterschmalz oder Bratöl
300 ml Milch
150 g Naturreis
300 g Gemüsefenchel, gewaschen, geputzt, in feine Streifen geschnitten
2 TL Beikostöl
1–2 EL Obstsaft (Apfel- oder Orangensaft), vorzugsweise frisch gepresst
½ Orange, filetiert, mundgerecht geschnitten
1 Zweig Dill, fein gehackt
2–3 Safranfäden
½ TL Bio-Orangenabrieb

1 Das mit Salz und Pfeffer eingeriebene Putenfleisch in heißem Butterschmalz in einem Schmortopf rundherum anbraten. Die Milch zugeben und zugedeckt ca. 45 Minuten schmoren.
2 Den Reis mit 375 ml Wasser aufkochen und 30 Minuten bei schwacher Hitze köcheln lassen.
3 10 Minuten vor Garzeitende die Fenchelstreifen unter den Reis heben und mitgaren.
4 Die Putenbrust in Scheiben schneiden. Vom Inneren einer Scheibe 30 g für den Babybrei wegnehmen.
5 Für den Babybrei 150 g vom Fenchelreis und das Putenfleisch mit einem Stabmixer fein pürieren und vor dem Essen das Öl und den Saft zugeben.
6 Die Bratensoße durch ein feines Sieb streichen, Dill, Safran und Orangenschale unterrühren und mit Salz und Pfeffer würzen. Die Soße mit den Orangenstückchen unter den restlichen Fenchelreis ziehen.
7 Die Putenbrustscheiben auf dem Fenchel-Orangen-Reis anrichten.

Zubereitung 1 Std.

Ergibt ca. 200 g Brei

Ein raffiniertes Geflügelgericht, das Sie von Juni bis in den Herbst mit Fenchel aus heimischem Anbau zubereiten können. Im Sommer können Sie anstelle der Orange auch saftige frische Aprikosenstücke unter den Reis geben. Ab dem 8. Monat freut sich Ihr Baby über etwas unpürierten Reis im Brei.

Gefüllte Wirsingröllchen

1 Kopf Wirsing (ca. 400–500 g)
150 g Karotten
100 g Hirse (für Vegetarier 200 g), gründlich heiß gewaschen
2 EL Olivenöl
250 g Rinderhackfleisch
2 TL Beikostöl
1–2 EL Obstsaft (Apfel- oder Orangensaft), vorzugsweise frisch gepresst
50 g Käse, gerieben
Salz und Pfeffer
Paprikapulver, edelsüß
Küchengarn, Silikongummis oder Rouladennadeln
200 ml Tomatensoße
2 TL italienische Kräuter

1 Den Wirsing waschen und die äußeren 10 Blätter im Ganzen abzupfen.
2 Die Wirsingblätter 5 Minuten in kochendem Wasser blanchieren, kalt abschrecken, abtropfen. 500 ml Blanchierwasser aufbewahren.
3 Vom restlichen Wirsing den Strunk entfernen und in kleine Streifen schneiden, die Karotten auf einer Küchenreibe fein raspeln.
4 Hirse, Wirsingstreifen und Karottenraspeln in 350 ml Blanchierwasser 15 Minuten köcheln lassen.
5 Das Hackfleisch in Olivenöl rundherum 10 Minuten anbraten.
6 Für das Baby von dem Hirse-Gemüse-Brei ca. 170 g und von dem Hackfleisch ca. 30 g beiseite nehmen und warmstellen. Vor dem Essen fein pürieren und Öl und Saft zugeben.
7 Die Hirse-Gemüse-Masse mit dem Hackfleisch und dem Käse vermengen und mit Salz, Pfeffer und Paprikapulver abschmecken.
8 6 Wirsingblätter flach auslegen, so dass insgesamt 6 Blätter gefüllt werden können (die übrigen sind zum Flicken da). Die Füllung gleichmäßig auf die Blätter verteilen, die Blätter dann aufrollen, von der Seite einklappen und fixieren.
9 Die Tomatensoße mit den Kräutern in einem Topf erhitzen, die Wirsingröllchen hineingeben und bei mittlerer Hitze und geschlossenem Deckel ca. 15 Minuten garen.
10 Die Wirsingröllchen mit der Tomatensoße servieren.
Für den großen Hunger schmecken ein paar Nudeln als Beilage gut.

Die feinen Wirsingröllchen schmecken mit unterschiedlichen Füllungen. Wer es lieber vegetarisch mag, ersetzt einfach das Hackfleisch durch mehr Hirse. Vegetarisch ernährte Babys können gut auf das Fleisch verzichten, ist doch die Hirse ein hervorragender Eisenlieferant.

Zubereitung 60 Min.

Ergibt ca. 200 g Brei

Pastinaken-Paella

150 g Naturreis
100 g Pastinaken, geschält und in kleine Würfel geschnitten
200 g TK-Erbsen
200 g Hühnerbrustfilet
2 EL Olivenöl
2 TL Beikostöl
1–2 EL Obstsaft (Apfel- oder Orangensaft), vorzugsweise frisch gepresst
4 Safranfäden, fein zerrieben
2 Msp Kurkuma
Salz und Pfeffer

1 Den Reis mit 350 ml Wasser aufkochen und 30 Minuten bei schwacher Hitze köcheln lassen.

2 Die gewürfelten Pastinaken mit den Erbsen 10 Minuten vor Garzeitende zum Reis geben und mitgaren.

3 Das Hühnerbrustfilet in kleine Stücke schneiden. 30 g davon ebenfalls die letzten 10 Minuten in der Gemüse-Reis-Mischung durchgaren.

4 Das Olivenöl in einer Pfanne leicht erhitzen und das restliche Hühnerbrustfilet darin rundherum anbraten.

5 Für das Baby das gegarte Hühnchenfleisch zusammen mit 200 g Reis-Gemüse-Mischung beiseite nehmen und alles mit dem Stabmixer fein pürieren. Vor dem Essen das Öl und den Saft zugeben.

6 Den restlichen Gemüsereis zu dem Hühnchenfleisch in die Pfanne geben und nochmals alles gut anbraten. Mit den Gewürzen abschmecken und vor dem Verzehr noch ein paar Minuten durchziehen lassen.

Zubereitung 45 Min.

Ergibt ca. 230 g Brei

Pastinaken und Erbsen enthalten viel Eisen, das wichtig für die Blutbildung und ein gesundes Wachstum ist.
Für Babys ab dem 8. Lebensmonat können Sie auch schon ein paar gekochte Reiskörner unpüriert unter den Brei geben.

Spargel mit Hirseküchlein und Schweinefilet 1. Teil

100 g Karotten, geschält und geraspelt
1 EL Olivenöl
70 g Hirse, gründlich gewaschen
1 EL Petersilie, fein gehackt
1 Ei
2 EL Vollkorn-Semmelbrösel
2 EL Bratöl
250 g grüner Spargel, gewaschen
1 Prise Salz
½ TL Zucker
2 TL Butter
200 g Schweinefilet
2 EL Bratöl
2 TL Beikostöl
1–2 EL Obstsaft (Apfel- oder Orangensaft), vorzugsweise frisch gepresst, alternativ ein wenig frisches Obst als Nachtisch
50 ml Sahne
2 EL Kräuterfrischkäse

1 Das Olivenöl in einem Topf erhitzen und die Karottenraspeln darin andünsten.
2 Die Hirse zu dem Gemüse geben.
3 Etwa 200 ml Wasser angießen und alles bei mittlerer Hitze ca. 10 Minuten köcheln lassen, vom Herd nehmen und 20 Minuten quellen lassen.
4 Von der gekochten Hirse-Karotten-Masse für den Babybrei 150 g zur Seite nehmen und warmhalten, den Rest etwas abkühlen lassen und abschmecken.
5 Die Petersilie, das Ei und die Semmelbrösel gleichmäßig unter die Hirse rühren, bis eine gut formbare Masse entsteht (bei Bedarf etwas mehr Semmelbrösel verwenden).
Weiter auf Seite 96

Spargel mit Hirseküchlein und Schweinefilet 2. Teil

6 Einen Esslöffel Bratöl in einer Pfanne erhitzen, mit den Händen aus der Hirsemasse gleich große Küchlein formen und diese von beiden Seiten goldgelb braten.

7 Die Spargelstangen in 4 cm lange Stücke schneiden. Diese in einem flachen Topf in wenig Wasser mit dem Salz, dem Zucker und der Butter 10–15 Minuten weich garen.

8 Vom Schweinefilet 30 g beiseite nehmen, in kleine Stücke schneiden und mit dem Spargel weich garen.

9 Das restliche Schweinefilet in drei gleich große Medaillons schneiden, in dem restlichen Bratöl von beiden Seiten anbraten und im Backofen bei 160 °C ca. 10 Minuten fertig garen.

10 Für das Baby das im Spargel gegarte Schweinefleisch mit der Hälfte der zur Seite gestellten Hirse mit einem Stabmixer pürieren. Die restliche Hirsemasse und 50 g mundgerecht geschnittenen Spargel unterheben. Vor dem Essen das Öl und den Saft zugeben.

11 Den restlichen Spargel mit Sahne und Frischkäse abschmecken und zu den Hirseküchlein und Schweinefiletmedaillons servieren.

Zubereitung 60 Min.

Ergibt ca. 230 g Brei

Wer es lieber vegetarisch mag, nimmt anstelle des Schweinefilets einfach mehr Hirse. Die Hirseküchlein sind beliebt als Fingerfood, kleine Esser dürfen ab dem 10. Monat ruhig schon ein wenig davon naschen.

Hühnchen-Kürbis-Risotto

250 g Hokkaido-Kürbisfleisch, gewürfelt
1 EL Olivenöl
200 g Risottoreis, z.B. Arborio
200 g Hähnchenbrustfilet, in Streifen geschnitten
2 TL Beikostöl
1–2 EL Obstsaft (Apfel- oder Orangensaft), vorzugsweise frisch gepresst, oder ein wenig frisches Obst als Nachtisch
1 EL Butter
1 EL Kräuterfrischkäse
1 Msp abgeriebene Bio-Zitronenschale
1 EL Aceto balsamico, hell
3 EL Parmesan, gerieben
Salz und Pfeffer

1 Das Öl in einem Topf erhitzen und die Kürbiswürfel darin etwas andünsten. Den Reis dazugeben, anschwitzen, 500 ml Wasser angießen und das Ganze bei niedriger Stufe unter gelegentlichem Umrühren ca. 20 Minuten garen lassen.
2 Das Hähnchenbrustfilet 10 Minuten vor Garzeitende unter das Risotto geben.
3 Für den Babybrei 200 g Risotto plus 30 g gegartes Hähnchenfleisch zur Seite nehmen, nach Bedarf mit dem Stabmixer fein pürieren. Vor dem Essen das Öl und den Saft zugeben.
4 Die Butter, den Frischkäse, die Zitronenschale, den Essig und den Parmesan unter das restliche Risotto rühren, alles mit Salz und Pfeffer abschmecken und sofort servieren.

Zubereitung 40 Min.

Ergibt ca. 230 g Brei

Ein feines Risotto-Gericht, das zudem sehr vielseitig ist. Ersetzen Sie nach Belieben den Kürbis durch andere Gemüsesorten wie Pastinake, Karotte oder Erbse. Anstelle des Hühnchens können Sie auch Putenbrust oder Fisch wie Lachs oder Kabeljau nehmen. Besonders gesund wird das Gericht, wenn Sie ungeschälten Naturreis verwenden – beachten Sie dann aber die längere Kochdauer!

Rote-Bete-Lamm-Gulasch

200 g Rote Bete
300 g Karotten
1 Schalotte
2 EL Bratöl oder Butterschmalz
400 g Lammgulasch aus der Keule
2 EL Tomatenmark
3 EL Aceto balsamico, hell
1 Zweig Rosmarin
150 g Nudeln, z.B. Spirelli
2 TL Beikostöl
1–2 EL Obstsaft (Apfel- oder Orangensaft), vorzugsweise frisch gepresst, alternativ ein wenig frisches Obst als Nachtisch
50 g saure Sahne oder Schmand
Salz und Pfeffer

Lammfleisch ist besonders reich an wertvollen Mineralstoffen wie Eisen und Zink. Alternativ können Sie natürlich auch Rinder- oder Schweinegulasch verwenden. Außerhalb der Rote-Bete-Saison wählen Sie nach Belieben eine größere Menge Karotten, oder alternativ Paprika oder grüne Bohnen. Die Nudeln können Sie ihrem Baby separat reichen oder mit dem Gulasch zusammen pürieren.

1. Das Gemüse waschen, putzen und in mundgerechte Würfel schneiden.
2. Das Öl in einem Topf erhitzen, das Fleisch darin rundherum kräftig anbraten, die Gemüsewürfel hinzufügen und kurz mit anschwitzen.
3. Das Tomatenmark ebenfalls kurz mit anschwitzen, dann den Essig dazugeben und mit 200 ml Wasser angießen. Den Rosmarinzweig zum Gulasch geben und alles bei niedriger Hitze und geschlossenem Deckel ca. 40 Minuten schmoren lassen, bis das Fleisch schön weich ist.
4. Die Nudeln in ausreichend Wasser kochen.
5 Für den Babybrei 100 g Gulasch (ca. 170 g Gemüse und 30 g Fleisch) und 100 g gekochte Nudeln zur Seite nehmen, nach Bedarf mit dem Stabmixer fein pürieren. Vor dem Essen das Öl und den Saft zugeben
6. Das restliche Gulasch mit der sauren Sahne, Salz und Pfeffer abschmecken, den Rosmarinzweig entfernen und mit den Nudeln servieren.

Zubereitung
60 Min.

Ergibt ca. 200 g
Brei

Putenbrustmedaillons mit buntem Gemüsereis

200 g Karotten, gewaschen und geschabt
200 g Blumenkohl, gewaschen
200 g Brokkoli, gewaschen
300 g Putenbrustmedaillons
150 g Reis, gründlich heiß gewaschen
350 ml Wasser
3 EL Olivenöl
Salz und Pfeffer
Paprika, edelsüß
1 Zweig Rosmarin
1 kleines Sträußchen Oregano
100 ml Sahne
2 TL Beikostöl
1–2 EL Obstsaft

1 Karotten, Blumenkohl und Brokkoli in mundgerechte Stücke schneiden.
2 Von einem Putenmedaillon ca. 30 g Fleisch in 1 cm dicke Streifen schneiden.
3 Den Reis mit dem Wasser in einem Topf zum Kochen bringen.
4 Das Gemüse und die Fleischstreifen zum Reis geben und alles 15 Minuten bei niedriger Temperatur köcheln lassen.
5 Das Öl in einer Pfanne erhitzen und die Medaillons bei mittlerer Hitze von jeder Seite 2 Minuten anbraten. Danach beidseitig mit Salz, Pfeffer und Paprika würzen, die frischen Kräuter zugeben und bei geschlossenem Deckel 10–15 Minuten garen. Nach der Hälfte der Zeit einmal wenden.
6 Kurz vor Garzeitende die Sahne an das Fleisch gießen und alles bis zum Servieren ziehen lassen.
7 Für das Babygericht 200 g Gemüsereis und die Hälfte der Fleischstreifen mit einer Gabel leicht zerdrücken, die restlichen Fleischstreifen als Fingerfood dazugeben und unmittelbar vor dem Essen das Öl und den Saft darüberträufeln.
8 Die gebratenen Medaillons mit dem Gemüsereis auf Tellern anrichten, die Kräuter aus der Soße entfernen und diese über den Reis geben.
Zu diesem Gericht schmeckt ein bunter Frühlingssalat.

Zubereitung 40 Min.

Ergibt ca. 230 g Babygericht

Geflügelfleisch, am besten aus biologischer Aufzucht, ist leicht verdaulich, zart und bei Kindern sehr beliebt. Babys, die schon mehrere Zähnchen haben, essen die Fleischstreifen gerne direkt aus der Hand, alternativ können sie auch mit der Gabel zerdrückt oder mit dem Stabmixer fein püriert werden.

Fenchel-Lachs-Tagliatelle

250 g TK-Lachsfilet
300 g Gemüsefenchel, geputzt, gewaschen und in dünne Scheiben geschnitten
1 EL Rapsöl
150 g Vollkorn-Tagliatelle
2 TL Beikostöl
1–2 EL Obstsaft (Apfel- oder Orangensaft), vorzugsweise frisch gepresst
2 EL Sesam
100 ml Sahne
Salz

1 Den Lachs unter kaltem Wasser waschen und trocken tupfen.
2 Die Fenchelscheiben in einer Pfanne in dem Rapsöl andünsten, den Lachs dazugeben und alles zugedeckt 15 Minuten gar dünsten.
3 Die Nudeln in 8–10 Minuten bissfest kochen.
4 Für das Baby von der Fenchel-Lachs-Pfanne 100 g beiseite nehmen, 50 ml abgekochtes Wasser oder Nudelkochwasser und 50 g gekochte Vollkornnudeln dazugeben und alles mit dem Stabmixer fein pürieren. Vor dem Essen das Öl und den Saft zugeben.
5 Den Sesam und die Sahne in die Fenchel-Lachs-Pfanne gießen und mit Salz abschmecken. Den Lachs mit einem Löffel in mundgerechte Stücke zerteilen und alles weitere 5 Minuten bei geringer Hitze ziehen lassen.
6 Die Nudeln in die Fenchel-Lachs-Soße geben und vor dem Servieren noch kurz ziehen lassen.

Zubereitung 30 Min.

Ergibt ca. 200 g Babygericht

Fenchel bekommen Sie von Juni bis in den Herbst aus heimischem Anbau. Er wirkt verdauungsfördernd und ist besonders für Babys mit Neigung zu Blähungen oder hartem Stuhl sehr geeignet. Der Lachs, bevorzugt aus biologischer Aquakultur, liefert uns wertvolle Omega-3-Fettsäuren und das wichtige Vitamin D für einen gesunden Knochenaufbau.

Feines Fischragout mit Graupen

Ein sommerliches Fischrezept, das sowohl wichtiges Jod als auch wertvolle Omega-3-Fettsäuren liefert. Statt Kabeljau können Sie auch Seelachsfilet verwenden. Ist Ihnen die Kochdauer der Gerste zu lang, nehmen Sie stattdessen die gleiche Menge Reis.

100 g Gerstengraupen, gewaschen
100 g Lachsfilet, abgespült, trocken getupft
100 g Kabeljau, abgespült, trocken getupft
1 TL Zitronensaft
2 Tomaten, gewaschen und gewürfelt
100 g Zucchini, gewaschen und gewürfelt
100 g TK Erbsen
2 TL Beikostöl
1–2 EL Obstsaft (Apfel-, oder Orangensaft), vorzugsweise frisch gepresst
1 TL Oregano
1 EL Kapern
50 ml Sahne
50 g Crème fraîche
Salz und Pfeffer
2 EL Parmesan, gerieben

1. Die Graupen mit 500 ml Wasser ca. 45–60 Minuten garen. Bitte beachten Sie dabei unbedingt die Angaben auf der Verpackung.
2. Den Fisch bei Bedarf entgräten und mit dem Zitronensaft einreiben.
3. 15 Minuten vor Garzeitende den Fisch, die Gemüsewürfel und die Erbsen zu den Graupen geben und alles bei mittlerer Hitze weich garen.
4. Für das Baby ca. 150 g Graupen und Gemüse und 1 EL Fisch beiseite nehmen und alles mit dem Stabmixer fein pürieren. Vor dem Essen das Öl und den Saft zugeben.
5. Kurz vor Garzeitende den Oregano und die Kapern zum Fischragout geben.
6. Vor dem Verzehr das Ragout mit der Sahne, der Crème fraîche, Salz und Pfeffer abschmecken und mit dem Parmesan bestreuen.

Zubereitung 60 Min.

Ergibt ca. 200 g Brei

Süßkartoffel-Lachs-Auflauf

200 g Lachsfilet, TK, aufgetaut, abgewaschen trockengetupft
½ TL Zitronensaft
500 g Süßkartoffeln, geschält, leicht vorgekocht, geviertelt
150 g Zucchini, gewaschen, mundgerecht geschnitten
1 EL Butter für die Auflaufform
200 Käse, gerieben
2 TL Beikostöl
1–2 EL Obstsaft (Apfel- oder Orangensaft), vorzugsweise frisch gepresst
Salz und Pfeffer
1 TL Petersilie, fein gehackt

1 Den Backofen auf 190 °C vorheizen.
2 Den Fisch mit Zitronensaft einreiben und in mundgerechte Stücke schneiden.
3 Kartoffeln, Gemüse und Fisch in eine gefettete Auflaufform geben, 100 ml Wasser angießen und den Käse darüberstreuen. Für das Babygericht ca. 1/5 der Masse nicht mit Käse bestreuen.
4 Den Auflauf ca. 30 Minuten im Ofen backen.
5 Für den Babybrei ca. 200 g Süßkartoffel-Zucchini-Fisch zur Seite nehmen, mit einem Stabmixer fein pürieren und vor dem Essen Öl und Saft zugeben.
6 Den restlichen Auflauf vor dem Verzehr mit Salz und Pfeffer abschmecken und die Petersilie darüberstreuen.

Zubereitung 45 Min.

Ergibt ca. 200 g Brei

Die Süßkartoffeln eignen sich hervorragend für den milden Babybrei. Der Lachs, bevorzugt aus biologischer Aquakultur, liefert wertvolle Omega-3-Fettsäuren und Vitamin D für ein gesundes Knochenwachstum. Die Zucchini können Sie auch durch Karotten oder Hokkaido-Kürbis ersetzen.

Gedünsteter Seelachs mit Gemüserisotto

Ein leckeres Fischgericht, das mit Zutaten aus dem Tiefkühlfach immer schnell verfügbar ist. Natürlich können Sie nach Saison auch frische Zutaten verwenden. Statt Seelachs eignet sich auch Kabeljau.

300 g TK-Seelachs, aufgetaut, abgespült, trocken getupft
½ EL Zitronensaft
100 g rote Paprika
100 g Zucchini
150 g Basmati-Reis, gewaschen
1 EL gemischte TK-Kräuter
2 TL Zitronensaft
1 TL Zucker
2 TL Speisestärke
50 ml Sahne
2 TL Beikostöl
1–2 EL Obstsaft (Apfel- oder Orangensaft), vorzugsweise frisch gepresst, oder ein wenig frisches Obst als Nachtisch

1. Den Seelachs mit dem Zitronensaft einreiben.
2. Das Gemüse waschen, die Paprika entkernen und in sehr kleine Stückchen schneiden. Von der Zucchini das Stielende und den Blütenansatz entfernen und die Zucchini auf einer Gemüsereibe fein raspeln.
3. Den Reis mit 300 ml Wasser und dem Gemüse 15 Minuten garen.
4. Den Seelachs in 100 ml Wasser 10 Minuten gar dünsten, danach herausnehmen und warmstellen.
5. Das Garwasser mit den Kräutern, dem Zitronensaft und dem Zucker abschmecken und mit einem Schneebesen die Speisestärke klumpenfrei einrühren. Unter Rühren kurz aufkochen, anschließend die Sahne einrühren.
6. Für den Babybrei 30 g Seelachs mit einer Gabel fein zerdrücken und 200 g Gemüsereis dazugeben. Vor dem Essen das Öl und den Saft zugeben.
7. Den restlichen Seelachs in die Sahnesoße geben und kurz ziehen lassen. Mit dem Gemüsereis servieren.

Zubereitung 45 Min.

Ergibt ca. 200 g Brei

Lachs-Zucchini-Paprika-Spieße mit Ofenkartoffeln

300 g TK-Lachsfilet, aufgetaut, abgespült, trocken getupft
400 g kl. Kartoffeln, geschält
6 EL Olivenöl
½ EL Zitronensaft
½ TL Paprikapulver, edelsüß
Zucker
Salz und Pfeffer
200 g Zucchini, geputzt
200 g Paprika, geputzt
½ große Zwiebel
4 Schaschlikspieße
1 TL Beikostöl
1–2 EL Obstsaft

Ein sommerliches Fischgericht, das auch bei größeren Kindern gut ankommt. Zur Grillsaison können Sie auch alle Zutaten in Alufolie verpackt auf dem Grill zubereiten.

1 Den Backofen auf 180 °C vorheizen.
2 Für das Baby 100 g Kartoffeln zur Seite nehmen.
3 Das Olivenöl mit dem Zitronensaft verrühren, die Kartoffeln für das Baby darin wälzen und auf einen Backofenrost legen.
4 Die restliche Öl-Zitronen-Mischung mit den Gewürzen abschmecken, die übrigen Kartoffeln darin wälzen und ebenfalls auf den Rost legen und ca. 35–40 Minuten backen, bis sie gar sind.
5 Lachs und Gemüse in ca. 3 cm große Stücke schneiden. 30 g Lachs und 100 g Gemüse für den Babybrei zur Seite stellen.
6 Die restlichen Lachs- und Gemüsestücke in der übrigen Öl-Zitronen-Mischung marinieren, anschließend abwechselnd auf die Schaschlikspieße stecken.
7 Die Spieße zusammen mit den Babybreizutaten 20 Minuten vor Garzeitende der Kartoffeln ebenfalls in den Backofen legen und mitgrillen.
8 Für das Babygericht das gegrillte Gemüse und den Fisch pürieren bzw. leicht zerdrücken. Die mit einer Gabel zerdrückten, ungewürzten Ofenkartoffeln dazugeben und das Öl und den Saft darüberträufeln.

Die Spieße mit den gewürzten Ofenkartoffeln servieren.

Zubereitung 60 Min.

Ergibt ca. 230 g Babygericht

Lachs im Couscous-Gemüse-Kräuterbett mit Erbsenpüree

3 TK-Lachsfilets, ca. 300 g, aufgetaut, abgespült, trocken getupft
150 g Karotten, gewaschen, geputzt, klein geschnitten
100 g gelbe Paprika, gewaschen, geputzt, klein geschnitten
2 EL Olivenöl
200 g Couscous
275 ml Wasser
2 Zweige Rosmarin
1 Sträußchen Oregano
1 Sträußchen Dill
500 g TK-Erbsen
75 ml Wasser
75 ml Sahne
2 TL Beikostöl
1–2 EL Obstsaft (Apfel- oder Orangensaft), vorzugsweise frisch gepresst, oder ein wenig frisches Obst als Nachtisch
Salz und Pfeffer

1 Das Olivenöl in einem Topf erhitzen und die Gemüsestücke 2–3 Minuten darin andünsten. Den Couscous dazugeben, mit anschwitzen und mit dem Wasser aufgießen. 10 Minuten bei niedriger Hitze dämpfen lassen.
2 Den Backofen auf 220 °C vorheizen.
3 Drei Alufolien (20 x 20 cm) mit der Couscous-Gemüse-Mischung bestreichen, je die Hälfte der Kräuter und ein Lachsfilet hineinlegen und die Alufolie zu einem Päckchen falten.
4 Die Alupäckchen für 15 Minuten in den Backofen schieben.
5 Die Erbsen mit dem Wasser in einem Topf 15 Minuten weich garen, anschließend die Sahne angießen und alles mit dem Stabmixer fein pürieren.
6 Für das Babygericht 150 g Couscous-Gemüse-Mischung, 30 g Lachs und 50 g Erbsenpüree anrichten und unmittelbar vor dem Essen das Öl und den Saft darüber träufeln.
7 Die restliche Couscous-Gemüse-Mischung, den Lachs und das Erbsenpüree zusammen servieren, vor dem Verzehr die Kräuter entfernen und das Gericht mit Salz und Pfeffer abschmecken.

Zubereitung
45 Min.

Ergibt ca.
230 g Babygericht

Ein leckeres und gesundes Fischgericht, das mit Zutaten aus dem Tiefkühlfach immer schnell verfügbar ist. Natürlich können Sie je nach Saison auch frische Zutaten verwenden.

Fischstäbchen mit Frühkartoffeln und Marktgemüse

200 g TK-Lachs-, Seelachs- oder Kabeljaufilet, aufgetaut, abgespült, trocken getupft
½ Zitrone
400 g kleine Frühkartoffeln
500 g frisches Gemüse der Saison, z.B. Blumenkohl, Karotten, Kohlrabi, gewaschen und gewürfelt, evtl. Fenchel, alternativ ungewürztes TK-Gemüse, z.B. Brokkoli, Erbsen, Bohnen
2 Zwiebackscheiben
1 Ei
1 TL Rapsöl
2 EL Mehl
2–3 EL Bratöl
2 TL Beikostöl
1–2 EL Obstsaft (Apfel- oder Orangensaft), vorzugsweise frisch gepresst, alternativ ein wenig frisches Obst als Nachtisch
2 EL Butter oder natives Pflanzenöl

1 Den Fisch mit etwas Zitronensaft beträufeln.
2 Die Kartoffeln in Wasser 15–20 Minuten gar kochen.
3 Das Gemüse zusammen mit 30 g Fisch in einem Topf mit wenig Wasser 15 Minuten weich garen.
4 Die Zwiebackscheiben auf einer Küchenreibe oder in der Maschine zu feinem Paniermehl verreiben und das Mehl in einen flachen Teller geben.
5 Das Ei in einem flachen Teller mit dem Rapsöl verschlagen.

6 Das Mehl in einen flachen Teller stäuben.
7 Den Lachs in mehrere kleine Stücke schneiden.
8 Das Bratöl in einer Pfanne erhitzen.
9 Die Fischstückchen zuerst in dem Mehl wenden und das überschüssige Mehl abklopfen. Danach mit dem Ei und dem Zwiebackmehl panieren.
10 Im heißen Öl von beiden Seiten 2–3 Minuten backen. Die Panade sollte goldbraun sein. Die Pfanne während des Backens keinesfalls abdecken, da sich sonst die Panade löst.
11 Für das Babygericht 150 g Gemüse inklusive 30 g Fisch mit einer Gabel leicht zerdrücken bzw. mundgerecht servieren, 50–100 g geschälte und in kleine Stücke zerteilte Kartoffeln dazugeben und unmittelbar vor dem Essen das Öl und den Saft darüber träufeln.
12 Die restlichen Kartoffeln nach Belieben schälen und mit dem Gemüse in etwas zerlassener Butter oder Öl schwenken.
13 Die Fischstückchen evtl. auf etwas Küchenpapier entfetten und mit den Kartoffeln und dem Gemüse servieren. Nach Geschmack mit Salz und Pfeffer würzen.

Zubereitung
45 Min.

Ergibt ca. 200 – 250 g Babygericht

Fisch ist gesund und in der Beikostzeit mindestens einmal pro Woche empfehlenswert. Fetter Fisch wie Lachs liefert viele wertvolle Omega-3-Fettsäuren, Seefisch essentielles Jod. Aus dem TK-Fach ist er außerdem jederzeit schnell verfügbar. Achten Sie beim Einkauf auf biologisch gezüchteten Lachs oder kontrollierten Wildfang. Die kleinen Beikostesser dürfen gerne auch schon ein wenig Fischstäbchen als Fingerfood kosten.

Grießschnitten mit Birnenkompott

600 ml Vollmilch
2 EL Butter
150 g Dinkelvollkorngrieß
500 g Birnen, geschält, entkernt und gewürfelt
50 ml Apfelsaft, naturtrüb
1 Ei
2 Msp Ceylon-Zimt
2 EL Honig

1 Die Milch mit ½ EL Butter in einem Topf zum Kochen erhitzen, den Topf vom Herd nehmen und den Grieß unter Rühren einrieseln lassen. Den Grießbrei auf niedrigster Stufe unter gelegentlichem Umrühren 10 Minuten quellen lassen.
2 Die Birnen im Apfelsaft ca. 5 Minuten auf mittlerer Temperatur weich kochen.
3 Für den Babybrei 150 g Grießbrei und 50 g Birnenkompott beiseite nehmen, mit einem Stabmixer pürieren und auf Esstemperatur abkühlen lassen bzw. unmittelbar vor dem Verzehr nochmals kurz erwärmen.
4 In den restlichen Grießbrei das Ei unterrühren, den Brei in eine kleine rechteckige Form füllen und fest werden lassen. Anschließend den Brei aus der Form stürzen und in 1 cm dicke Scheiben schneiden.
5 Die restliche Butter in einer Pfanne leicht erhitzen und die Grießschnitten von beiden Seiten 2–3 Minuten goldbraun braten.
6 Das Birnenkompott mit Zimt und Honig abschmecken und zu den warmen Grießschnitten servieren. Wer möchte, kann auch noch einen Klecks geschlagene Sahne dazu reichen.

Zubereitung 30 Min.

Ergibt ca.200 g Brei

Ab dem 9. Monat können Sie Ihrem Baby auch schon eine warme Grieß-Schnitte mit ungewürztem Kompott als Fingerfood anbieten. Wenn es schnell gehen soll, können die Großen den Grießbrei natürlich auch direkt genießen. Rühren Sie das Ei dann einfach unter den heißen Brei und lassen Sie es noch 2–3 Minuten ziehen.

Süßer Reisauflauf

150 g Reis, parboiled, gewaschen
500 ml Vollmilch
2 EL Butter
300 g Mirabellen, gewaschen, entsteint und geviertelt
2 Eier
1 Prise Salz
50 g Zucker
100 g Mandelblättchen

1 Den Reis in einem Küchensieb unter fließendem Wasser spülen, danach mit der Milch und der Butter in einem Topf zum Kochen bringen. Den Reis unter gelegentlichem Umrühren ca. 20 Minuten gar kochen, anschließend etwas abkühlen lassen.
2 Die Mirabellen 5 Minuten vor Garzeitende unter den Milchreis heben und mitgaren.
3 Für den Babybrei 200 g Reis-Mirabellen-Brei beiseitestellen, mit einem Stabmixer pürieren und auf Esstemperatur abkühlen lassen bzw. unmittelbar vor dem Verzehr nochmals kurz erwärmen.
4 Die Eier trennen, den Eischnee mit dem Salz und dem Zucker steif schlagen.
5 Die Eigelbe mit den Mandelblättchen unter den Milchreis rühren, zuletzt den Eischnee locker unterheben.
6 Die Reismasse in eine gefettete Auflaufform füllen und im Backofen ca. 40 Minuten backen.

Zubereitung 75 Min.

Ergibt ca. 200 g Brei

Ab dem 10. Monat können Sie Ihrem Baby auch schon ein wenig Reisauflauf als Familiengericht anbieten (bitte die Mandeln vorher entfernen!). Wenn es schnell gehen soll, können die Großen den Milchreis natürlich auch direkt genießen. Am besten schmeckt es mit ein wenig Zucker und Zimt bestreut oder mit Vanillesoße (Rezept Seite 114) übergossen.

Birnen-Nuss-Rahmstrudel

200 g Dinkelmehl Type 1050
1 TL Butter
1 Prise Salz
6 EL heißes Wasser
1 Eigelb
1 TL Apfelessig oder anderer heller Essig
800 g Birnen, geschält, entkernt, klein geschnitten
1 Eiweiß
100 g Haselnüsse, gemahlen
100 g Naturjoghurt
Butter fürs Backblech
100 ml Vollmilch
100 ml Sahne
1 Ei

Ein lecker gefüllter Strudel schmeckt Groß und Klein. Die Füllung können Sie variieren. Sehr fein schmecken auch Äpfel, Mirabellen oder Zwetschgen. Die einzelnen Strudelstücke können auch hervorragend eingefroren und bei Bedarf aufgebacken werden.

1 Aus dem Mehl, der Butter, dem Salz, dem Wasser, dem Eigelb und dem Essig einen gleichmäßigen, glatten Teig kneten. Den Teig zu einer Kugel formen und unter einer angewärmten Schüssel 30 Minuten ruhen lassen.
2 Den Backofen auf 180 °C vorheizen.
3 Den Teig auf einem bemehlten Mull- oder Küchentuch fein ausrollen, mit den Händen ausziehen, bis er möglichst dünn ist.
4 Das Eiweiß steif schlagen und mit den Nüssen unter den Joghurt ziehen.
5 Den Joghurt auf den Teig streichen.
6 Die Birnenstücke gleichmäßig darauf verteilen und den Strudel vom breiten Ende her mit Hilfe des Tuchs aufrollen.
7 Den Strudel auf ein mit Butter gefettetes tiefes Backblech legen und bei 180 °C 45 Minuten backen.
8 Die Milch mit der Sahne und dem Ei verrühren und 25 Minuten vor Backzeitende über den Strudel gießen.
9 Den Birnenstrudel nach Belieben mit Vanillesoße (Rezept Seite 114) oder geschlagener Sahne servieren.

Zubereitung 30 Min.

Plus 75 Min. Ruhe- und Backzeit

Ergibt 1 Strudel, ca. 8–10 Stück

Gefüllte Rohrnudeln mit Vanillesoße

700 ml Vollmilch, 200 ml für den Teig, 500 ml für die Soße
350 g Dinkelmehl Type 1050
20 g frische Hefe
1 EL Zucker
30 g Butter
2 Eier
1 Prise Salz
14 Aprikosen, Zwetschgen oder Mirabellen, gewaschen und entkernt
Butter für die Form
1 EL Zucker
½ TL Bourbon-Vanillepulver
5–6 EL Speisestärke (Maisstärke)

1. Die Milch anwärmen.
2. Das Mehl in eine große Schüssel sieben. In die Mitte eine Mulde drücken und darin die Hefe in etwas Milch auflösen und zusammen mit 1 TL Zucker zu einem Vorteig verrühren. Diesen zugedeckt 15 Minuten gehen lassen.

3 Die Butter zerlassen. Die Eier trennen, ein Eigelb zur Seite stellen, die Eiweiße und ein Eigelb mit der Butter, der restlichen Milch, Zucker und dem Salz verquirlen und mit dem Hefevorteig und dem Mehl zu einem gleichmäßigen Teig verkneten. Den Teig zugedeckt 30 Minuten gehen lassen.
4 Den Teig in 14 gleich große Portionen teilen. Die Portionen mit bemehlten Händen zu Kugeln formen, in die Mitte jeder Kugel ein Stück Obst drücken.
5 Den Backofen auf 180 °C vorheizen.
6 Die Kugeln nebeneinander in eine gebutterte Form legen und nochmals 10 Minuten gehen lassen.
7 Die Rohrnudeln im Backofen 30–35 Minuten goldbraun backen.
8 Für die Vanillesoße das übrige Eigelb mit dem Zucker schaumig rühren, die Vanille, die Speisestärke und drei Esslöffel Milch hinzufügen, alles glattrühren.
9 Die restliche Milch in einem Topf zum Kochen bringen, vom Herd nehmen und die Eigelbmischung mit einem Schneebesen daruntерrühren.
10 Die Soße unter ständigem Rühren noch einmal kurz aufkochen und dann unter gelegentlichem Umrühren auf Esstemperatur abkühlen lassen.
11 Die Rohrnudeln mit der Vanillesoße servieren.

Zubereitung 30 Min.

Plus 90 Min. Ruhe- und Backzeit

Ergibt ca. 14 Stück

Ein raffiniertes Rezept, das mit unterschiedlichen Füllungen zubereitet werden kann. Die Rohrnudeln schmecken auch kalt als Zwischenmahlzeit oder unterwegs.

Für zwischendurch

Reiswaffeln Panama

2 reife Bananen, geschält, in dünne Scheiben geschnitten
1 Birne, gewaschen, entkernt, in dünne Scheiben geschnitten
4 Reiswaffeln, ungesalzen
100 ml Wasser
3 TL Butter
3 Scheiben milder Käse

1 Für den Babybrei 50 g Birnenscheiben mit einer zerbröselten Reiswaffel und 100 ml Wasser in einem Topf 5 Minuten köcheln lassen. Zusammen mit 50 g Bananenscheiben mit dem Stabmixer fein pürieren und auf Esstemperatur abkühlen lassen. Vor dem Verzehr einen Teelöffel Butter in den warmen Brei einrühren.

2 Die restlichen drei Reiswaffeln mit Butter bestreichen und je einer Scheibe Käse und den restlichen Obstschnitzen belegen.

Zubereitung 10 Min.

Ergibt ca. 200 g Brei

Plus 3 belegte Reiswaffeln

Ab dem 8. Monat können Sie auf das Kochen der Reiswaffel und der Birne und auch auf den Stabmixer verzichten. Dann genügt es, die zerbröselte Reiswaffel in dem heißen (ca. 50 °C) Wasser ein paar Minuten einzuweichen und die Birne mit einer Reibe fein hineinzureiben. Die Banane kann mit der Gabel zerdrückt werden.

Süßer Aprikosen-Haferauflauf

50 g Hirse, im Sieb gründlich heiß gewaschen
250 ml Hafermilch
50 g Haferflocken
300 g reife Aprikosen, gewaschen, entkernt und gewürfelt
1 TL Butter
3 Eier
1 Prise Salz
50 g Rohrzucker
Zimt und Zucker

1 Die Hirse mit der Hafermilch in einem Topf zum Kochen bringen. 5 Minuten leicht köcheln lassen, danach die Haferflocken unterrühren und alles auf der ausgeschalteten Herdplatte 20 Minuten quellen lassen.
2 Die Aprikosen unter die Hirse-Haferflocken-Masse mischen und 10 Minuten mitziehen lassen.
3 Für den Babybrei 200 g Hirse-Haferflocken-Aprikosen-Masse beiseitestellen, die Butter unterrühren und alles mit dem Stabmixer fein pürieren.
4 Den Backofen auf 200 °C vorheizen.
5 Die Eier trennen, das Eiweiß mit dem Salz steif schlagen.
6 Die Eigelbe mit dem Zucker schaumig schlagen, die Hirse-Haferflocken-Aprikosen-Masse unterrühren.
7 Zuletzt den Eischnee locker unterheben.
8 Die Masse in eine gefettete Auflaufform füllen und im Backofen ca. 30 Minuten backen. Vor dem Servieren nach Belieben mit Zimt und Zucker bestreuen.

Zubereitung 60 Min.

Ergibt ca. 200 g Brei

Dieser Auflauf schmeckt sowohl als Kuchenersatz am Nachmittag als auch als warme Hauptmahlzeit. Bei Babys ab dem 8. Monat können Sie auf den Stabmixer verzichten und den Brei mit der Gabel zerdrücken. Kleine ab dem 10. Monat naschen auch schon gerne ein wenig vom Auflauf

Amaranth-Reis-Aprikosen-Kokoskugeln

Energiekugeln für stillende Mamas

250 g rundkörniger Naturreis, gründlich heiß gewaschen
500 ml Vollmilch
4 Trockenaprikosen, ungeschwefelt, klein geschnitten
200 g Nektarinen, gewaschen und entkernt, klein geschnitten
100 g Amaranth, gepufft
100 g Kokosraspeln
50 g Honig
100 g Butter
1 Msp Bourbon-Vanillepulver

1. Den Reis mit der Milch aufkochen lassen und ca. 30 Minuten bei niedriger Hitze köcheln lassen. Dabei öfter umrühren.
2. 10 Minuten vor Garzeitende die Aprikosen- und Nektarinenstücke unterrühren.
3. Den Amaranth einrühren und 5 Minuten quellen lassen.
4. Für den Babybrei 200 g Brei beiseitestellen, mit dem Stabmixer fein pürieren und auf Esstemperatur abkühlen lassen.
5. Den restlichen Brei abkühlen lassen, dann mit 75 g Kokosraspeln, dem Honig, der Butter und dem Vanillepulver zu einer homogenen Masse kneten. Daraus kleine Bällchen formen und diese in den übrigen Kokosraspeln wälzen. Im Kühlschrank aufbewahren und pro Tag 2–3 Bällchen verzehren.

Zubereitung 45 Min. | Ergibt ca. 200 g Brei | und 12 Kokoskugeln

Dieser gesunde Milchbrei fördert durch die getrockneten Aprikosen die Verdauung und liefert eine Menge wertvoller Vitamine und Mineralstoffe. Den Amaranth können Sie auch durch zartblättrige Haferflocken ersetzen, diese geben Sie zusammen mit den Fruchtstücken zum Milchreis. Die Energiekugeln versorgen die stillende Mama mit wichtigen Nährstoffen und sind ein feiner Genuss für zwischendurch. Im Kühlschrank gelagert sind sie 5 Tage haltbar.

Himbeer-Hirsotto

200 g Hirse, feinkörnig, im Sieb gründlich heiß gewaschen
500 g reife Himbeeren
1 TL Butter
100 ml Sahne
3 EL Zucker
1 Msp Bourbon-Vanillepulver

1 Die Hirse mit 400 ml Wasser aufkochen und ca. 15 Minuten bei niedriger Hitze garen. Dabei öfter umrühren.

2 Für den Babybrei 100 g Hirse zur Seite nehmen, 50 ml abgekochtes, heißes Wasser und 100 g Himbeeren unterrühren, mit dem Stabmixer fein pürieren und weitere 15 Minuten quellen lassen. Vor dem Verzehr in den warmen Brei einen Teelöffel Butter einrühren.

3 Unter das restliche Hirsotto die Sahne, den Zucker und die Vanille rühren und ebenfalls 10–15 Minuten quellen lassen. Vor dem Verzehr die restlichen Himbeeren unterrühren.

Zubereitung 40 Min.

Ergibt ca. 250 g Brei

Besonders lecker ist dieses Hirsotto natürlich zur Himbeerzeit ab Ende Juli. Sie können auch tiefgefrorene Himbeeren verwenden, diese müssen Sie allerdings vorher schonend auftauen. Alternativ schmeckt das Hirsotto natürlich auch mit allen anderen Beerensorten. Bei Babys ab dem 8. Monat können Sie auf den Stabmixer verzichten und den Brei mit der Gabel zerdrücken. Lassen Sie dabei ruhig ein paar Beeren ganz und reichen Sie diese als Fingerfood.

Hafer-Dattel-Soufflé

4 Datteln, entkernt und klein geschnitten
400 ml Vollmilch
50 g Haferflocken
200 g Birnen, gewaschen, entkernt und geraspelt
4 Eier
1 Prise Salz
Butter für die Form
3 EL Zucker

1 Die Datteln mit der Milch und den Haferflocken aufkochen und bei niedriger Hitze 10 Minuten garen lassen.
2 Die Birnenraspeln 5 Minuten vor Garzeitende unter den Haferflocken-Milch-Brei rühren.
3 Die Eier trennen, die Eiweiße mit dem Salz sehr steif schlagen.
4 Für den Babybrei 250 g Brei beiseitestellen, mit dem Stabmixer fein pürieren und auf Esstemperatur abkühlen lassen.
5 Den Backofen auf 180 °C vorheizen, die Souffléförmchen mit Butter auspinseln.
6 Die restliche Masse abkühlen lassen, die Eigelbe und den Zucker unterrühren und zuletzt die Eiweißmasse locker unterziehen.
7 Das Soufflé im Backofen ca. 15 Minuten backen, vor dem Herausnehmen abkühlen lassen, sonst fällt es leicht zusammen. Nach Belieben vor dem Verzehr mit Puder- oder Zimtzucker bestreuen.

Zubereitung 40 Min.

Ergibt ca. 250 g Brei

Eine warme Milchspeise, die besonders an Winterabenden hervorragend schmeckt. Bleibt etwas übrig, können Sie das Soufflé auch kalt genießen. Bei Babys ab dem 8. Monat können Sie auf den Stabmixer verzichten und den Brei mit der Gabel zerdrücken.

Erfrischender Früchtedrink

500 g reife Kirschen, gewaschen, entsteint
500 g Wassermelone, geschält, entkernt, klein geschnitten
1 Zwieback, ungesüßt
1 TL Butter
6 Eiswürfel
3 EL Himbeersirup
200 ml Mineralwasser
½ Limette, unbehandelt

1. Kirsch- und Melonenfruchtfleisch in ein hohes Gefäß geben und mit dem Stabmixer fein pürieren.
2. Für den Babybrei den Zwieback zerbröseln, mit 50 ml Wasser, 50 °C heiß, übergießen und ein paar Minuten quellen lassen.
3. Die Butter unter den warmen Zwieback rühren, anschließend 150 g Kirsch-Melonenmus unterrühren.
4. Das restliche Kirsch-Melonenmus mit den Eiswürfeln, dem Himbeersirup und dem Mineralwasser aufgießen, in Gläser füllen und mit je zwei Limettenscheiben servieren.

Zubereitung 15 Min.

Ergibt ca. 220 g Brei

Plus 2 x 250 ml Drink

Besonders an heißen Sommertagen ist dieses Getränk sehr beliebt. Alternativ zu den Kirschen können Sie auch reife Beeren, z.B. Erdbeeren oder Himbeeren, verwenden.

Applecrumble

750 g mürbe Äpfel, z.B. Boskop, geschält, entkernt, klein geschnitten
100 g Dinkelflocken
50 g Haselnüsse, gemahlen (oder gemahlene Mandeln)
1 TL Butter
50 g Mehl
3 EL Zucker
¼ TL Ceylon-Zimt
50 g Butter

Das Applecrumble schmeckt zu jeder Jahres- und Tageszeit. Variieren Sie nach Belieben mit dem Obst, köstlich sind auch Zwetschgen oder Mirabellen. Von dem Crumble dürfen Babys ab dem 10. Monat ein wenig naschen.

1 Für den Babybrei 100 g Apfelstücke, 2 EL Dinkelflocken und nach Belieben 1 TL Haselnüsse (ab dem 8. Monat) in einen Topf mit 100 ml Wasser geben, ca. 5 Minuten weich kochen. Mit dem Stabmixer fein pürieren, auf Esstemperatur abkühlen lassen. Vor dem Verzehr 1 TL Butter in den warmen Brei einrühren.
2 Den Backofen auf 180 °C vorheizen.
3 Die restlichen Apfelstücke in eine Auflaufform geben.
4 Die übrigen Dinkelflocken, Nüsse, das Mehl, Zucker, Zimt und die Butter rasch zu einem krümeligen Teig verkneten und die Krümel auf den Äpfeln verteilen.
5 Das Applecrumble im Backofen ca. 25 Minuten backen. Schmeckt warm und kalt, am besten mit etwas Vanilleeis oder Vanillesoße. (Rezept Seite 114)

Zubereitung 40 Min.

Ergibt ca. 200 g Brei

Erdbeer-Milchshake

500 ml Vollmilch
25 g Dinkelvollkorn-Grießpulver
250 g reife Erdbeeren
100 ml Mandelmilch
2 Msp Bourbon-Vanillepulver

1 Für den Babybrei 200 ml Vollmilch aufkochen lassen, das Grießpulver unter Rühren einrieseln lassen und unter gelegentlichem Umrühren 2 Minuten köcheln lassen.
2 Die Erdbeeren waschen, putzen und halbieren.
3 Für den Babybrei 50 g Erdbeeren zum Dinkelbrei hinzufügen und auf der ausgeschalteten Herdplatte 5 Minuten ziehen lassen. Den Brei mit dem Stabmixer pürieren und auf Esstemperatur abkühlen lassen.
4 Die restliche Vollmilch, die restlichen Erdbeeren, die Mandelmilch und das Vanillepulver mit dem Stabmixer in einem hohen Gefäß schaumig pürieren, sofort in zwei Gläser umfüllen und genießen.

Zubereitung 20 Min. | Ergibt ca. 250 g Brei | Plus 2 x 250 ml Milchshake

Ab dem 8. Monat können Sie auf das Garen der Erdbeeren verzichten und diese einfach roh unter den Milchbrei pürieren. Ältere Babys ab dem 11. Lebensmonat freuen sich über ein paar gepoppte, ungesüßte Amaranthkörner, die Sie kurz vor dem Verzehr unter den fertigen Brei rühren.

Polentaschnitten mit Fruchtsoße

200 g Maisgrieß für die Polenta
5 getrocknete Aprikosen, klein geschnitten; alternativ 3 EL Rosinen, ungeschwefelt
3 EL Butter
500 g saftiges Obst der Saison, z.B. Erdbeeren, Himbeeren, Johannisbeeren, Trauben, Aprikosen, Nektarinen, gewaschen und entkernt
2 TL Mandelmus
2 EL Zucker

Polenta lässt sich in der Beikostzeit vielseitig verwenden, ob für süße oder herzhafte Breie oder wie hier als Schnitten für das erste Fingerfood. Vielleicht können Sie auch schon ganz auf den pürierten Brei verzichten und geben Ihrem Baby einfach eine gebratene Polentaschnitte, die es aus der Hand essen kann.

1 In einem Topf 800 ml Wasser zum Kochen bringen, den Maisgrieß unter Rühren einrieseln lassen und bei niedriger Hitze 20 Minuten köcheln lassen. Dann das Trockenobst hinzufügen und weitere 5 Minuten einköcheln lassen. Dabei gelegentlich umrühren.
2 Für den Babybrei 100 g Polenta zur Seite nehmen.
3 Eine flache Auflaufform mit einem EL Butter auspinseln und die warme Polenta ca. 1,5 cm hoch einfüllen. Glatt streichen und ab kühlen lassen.
4 Das Obst mit dem Stabmixer zu einer glatten Soße pürieren.
5 Die Babypolenta mit 100 g Fruchtsoße und dem Mandelmus pürieren.
6 Die restliche erkaltete Polenta in ca. 3 cm breite und 6 cm lange Stücke schneiden.
7 Die übrige Butter in einer Pfanne leicht erhitzen und die Polentaschnitten darin von beiden Seiten goldbraun anbraten.
8 Die noch warmen Schnitten der Großen mit Zucker bestreuen und mit der Fruchtsoße servieren.

Zubereitung 45 Min.

Ergibt ca. 220 g Brei

Milchreis mit Zwetschgenkompott

Milchreis weckt in den meisten von uns wohlige Kindheitserinnerungen. Auch Ihr kleiner Esser darf sich hier schon wie die Großen an diesem köstlichen Milchgericht erfreuen. Das Ei erhöht den Nährwert und sorgt für eine locker-fluffige Konsistenz. Für das Kompott können Sie je nach Saison auch Äpfel, Birnen oder Mirabellen verwenden. Im Sommer schmeckt hierzu auch eine roh pürierte Beeren-Fruchtsoße hervorragend.

100 g Rundkornreis
500 ml Vollmilch
300 g Zwetschgen, gewaschen, entsteint und halbiert
1 Ei

1 Den Reis und die Milch zusammen in einem Topf aufkochen und unter gelegentlichem Umrühren 30 Minuten bei geringer Hitze köcheln.
2 Die Zwetschgen mit 50 ml Wasser in einem Topf zum Kochen bringen und bei niedriger Temperatur 10 Minuten köcheln lassen. Das Kompott zum Verzehr abkühlen lassen.
3 Das Ei trennen, das Eiweiß mit dem Salz fest schlagen.
4 Das Eigelb gleichmäßig unter den Milchreis rühren, den Eischnee locker unterheben und alles weitere 5 Minuten gar ziehen lassen.
5 Für das Baby 200 g Milchreis und 50 g Zwetschgenkompott zur Seite nehmen, nach Bedarf mit dem Stabmixer pürieren.
6 Den fertigen Milchreis mit dem Zwetschgenkompott servieren. Für die Großen nach Belieben mit Zimtzucker bestreuen.

Zubereitung 45 Min.

Ergibt ca. 250 g Brei

Backen und Knabbern

Sobald sich die ersten Zähnchen bemerkbar machen, haben viele Babys den Drang, an festen Nahrungsmitteln wie Keksen oder Waffeln zu lutschen und zu kauen. Sind die Zähnchen da, möchten die Kleinen diese auch einsetzen und knabbern begeistert an harten Keksen oder Zwieback.

Handelsübliche Backwaren enthalten häufig zu viel Salz, Zucker und überflüssige Zusatzstoffe und sind deshalb nicht für die Kleinen geeignet.

In diesem Kapitel finden Sie eine Auswahl an Backrezepten, die alle sehr wenig Zucker und keine überflüssigen Zusatzstoffe enthalten. Sie können diese mit gutem Gewissen Ihrem Kind für die ersten Knabberversuche geben. Setzen Sie die Knabbereien sinnvoll und mit Bedacht ein. Sie sind nicht geeignet zum Dauerlutschen und kein Ersatz für eine ausgewogene Mahlzeit.

Geben Sie Ihrem Kind das Gebäck nicht zum Trösten oder Beruhigen – es gewöhnt sich sonst schnell daran und fordert dann bei jedem Unwohlsein süße Schleckereien.

Feine Dinkel-Milchbrezeln

20 g frische Hefe
3 TL Zucker
300 ml lauwarme Vollmilch
500 g Dinkelmehl Type 1050
½ TL Salz
100 g Butter

Brezeln sind bei kleinen Knabbermäusen sehr beliebt, sie liegen gut in der Hand und lassen sich auch schon ohne Zähne gut einspeicheln. Hier eine gesunde Variante mit wertvollem Dinkelmehl und ganz ohne Lauge.

1. Die Hefe mit 1 TL Zucker und etwas warmer Milch in einer Tasse verrühren und ca. 10 Minuten an einem warmen Ort stehen lassen.
2. Das Mehl abwiegen, in eine große Schüssel geben, in die Mitte eine Mulde eindrücken und das Salz und 2 TL Zucker hinzufügen.
3. Die restliche Milch lau erwärmen, die Butter in kleinen Stücken dazugeben.
4. Die vorgegärte Hefemilch in die eingedrückte Mehlmulde schütten. Zusammen mit dem lauwarmem Milch-Buttergemisch mit den Knethaken eines Handrührgeräts zu einem lockeren Hefeteig kneten. Diesen mit einem Küchentuch bedecken und an einem warmen Ort weitere 30 Minuten gehen lassen, dabei sollte der Teig das doppelte Volumen annehmen.
5. Den Teig nochmals durchkneten, in 12 gleich große Stränge unterteilen und daraus Brezeln formen.
6. Die Brezeln auf ein gefettetes Backblech legen und nochmal 15 Minuten gehen lassen.
7. Den Backofen auf 180 °C vorheizen und die Brezeln nach dem Gehen darin auf der mittleren Schiene ca. 20 Minuten goldbraun backen.

Zubereitung 30 Min. | Plus 80 Min. Ruhe- und Backzeit | Ergibt 12 Brezeln

Schnelle Knusperkekse

250 g Vollkornmehl
125 g Butter
25 g Zucker
1 Ei

1 Alle Zutaten rasch zu einem geschmeidigen Teig verkneten.
2 Den Backofen auf 175 °C vorheizen.
3 Aus dem Teig eine Rolle mit ca. 3 cm Durchmesser formen und daraus Plätzchen mit ca. 1 cm Dicke abschneiden.
4 Die Kekse auf ein mit Backpapier ausgelegtes Blech legen und im Ofen ca. 15 Minuten goldbraun backen.

Zubereitung 15 Min.

Plus 15 Min. Backzeit

Ergibt 1 Blech Kekse

Diese leckeren Kekse schmecken der ganzen Familie. Sie können ganz nach Lust und Laune den Teig für die Erwachsenen mit etwas Zucker, Zitronenabrieb, Rosinen oder Gewürzen verfeinern. Nehmen Sie dann einfach vorher eine entsprechende Menge für die Baby-Kekse weg. Auch als Advents- und Weihnachtsplätzchenteig zum Ausstechen geeignet.

Dinkel-Mais-Toastbrot

250 ml Vollmilch
10 g Hefe
1 EL Zucker
300 g Dinkelmehl Type 1050
100 g Maismehl, fein gemahlen
1 TL Salz
30 g weiche Butter

1. Die Milch lau erwärmen.
2. Die Hefe mit dem Zucker in 50 ml Milch auflösen und zugedeckt an einem warmen Ort 15 Minuten gehen lassen.
3. Das Mehl in eine Schüssel sieben, die restliche Milch, das Salz, die Butter und die aufgelöste Hefe untermischen und alles zu einem glatten Teig verkneten. Diesen zugedeckt an einem warmen Ort 1 Stunde gehen lassen.
4. Den Teig erneut gut durchkneten, in die gebutterte Form geben und zugedeckt nochmals 30 Minuten gehen lassen.
5. Den Backofen auf 200 °C vorheizen.
6. Das Toastbrot mit einem Messer längs ca. ½ cm tief einschneiden, dann im Backofen auf der untersten Schiene 30 Minuten goldbraun backen.
7. Aus der Form nehmen und im ausgeschalteten Backofen noch 10 Minuten ruhen lassen.

Zubereitung 30 Min. | Plus 135 Min. Ruhe- und Backzeit | Ergibt 1 Kastenform

Dieses gesunde Toastbrot schmeckt allen – egal ob zum Frühstück oder zum Abendessen, pikant oder süß belegt. Möchten Sie Zeit sparen, backen Sie gleich zwei Brote gleichzeitig aus der doppelten Menge und frieren Sie eines davon ein.

Karotten-Nuss-Brötchen

50 ml Karottensaft
50 ml Apfelsaft
50 g Butter
100 g Karotten, geschält
100 g Apfel, geschält und entkernt
30 g Hefe
350 g Dinkelmehl Type 1050
100 g Haselnüsse, gemahlen
½ TL Salz

Diese gesunden Brötchen schmecken Jung und Alt. Sie können sie zum Frühstück, Abendessen oder unterwegs reichen. Die Brötchen halten sich in einer Brotbox zwei Tage oder können einzeln eingefroren und bei Bedarf aufgetaut werden.

1 Den Saft mit Butter erwärmen, bis diese vollständig geschmolzen ist.
2 Karotte und Apfel auf einer Küchenreibe fein raspeln.
3 Das Mehl, die Nüsse und das Salz in eine Schüssel geben, eine Mulde hineindrücken und darin die Hefe in der warmen Saftmischung auflösen. 5 Minuten gehen lassen.
4 Die Karotten- und Apfelraspeln dazugeben und alles zu einem gleichmäßigen Teig kneten. Diesen zugedeckt an einem warmen Ort 30 Minuten gehen lassen.
5 Den Backofen auf 200 °C vorheizen.
6 Aus dem Teig 12 gleich große Brötchen formen und diese im Abstand von 3 cm auf ein mit Backpapier ausgelegtes Blech setzen.
7 Die Brötchen mit kaltem Wasser benetzen und auf der mittleren Schiene etwa 25–30 Minuten backen.

Zubereitung 15 Min. | Plus 55 Min. Ruhe- und Backzeit | Ergibt 12 Stück

Heidelbeer-Apfel-Muffins

Die leckeren und gesunden Muffins sind ein Genuss für Jung und Alt. Besonders zum ersten Kindergeburtstag sind sie sehr beliebt. Das Obst kann beliebig variiert werden, verwenden Sie doch auch mal Johannisbeeren oder kleine, kernlose Trauben. Anstelle der Haferflocken können Sie auch dieselbe Menge gemahlener Nüsse nehmen. Die Muffins halten sich in einer Brotbox zwei Tage oder können einzeln eingefroren und bei Bedarf aufgetaut werden.

50 g Zucker
125 g Butter mit Zimmertemperatur
150 g Naturjoghurt
50 ml Apfelsaft
2 Eier
1 Msp Bourbon-Vanillepulver
250 g Dinkelmehl Type 1050
50 g Haferflocken, zartblättrig
3 TL Backpulver
100 g Apfel, gewaschen, entkernt, geraspelt
150 g Heidelbeeren, gewaschen, verlesen

1. Den Zucker mit der weichen Butter verrühren.
2. Joghurt, Saft, Eier und Vanillepulver unterrühren.
3. Mehl, Haferflocken und Backpulver mischen und unter die Joghurtcreme rühren.
4. Das Obst locker unterheben.
5. Den Backofen auf 200 °C vorheizen.
6. Ein Muffinblech bzw. 12 Förmchen zu jeweils etwa zwei Drittel mit Teig füllen und sofort in den Backofen geben.
7. Die Muffins 25 Minuten backen, danach noch ca. 5 Minuten auskühlen lassen.

Zubereitung 20 Min. | Plus 30 Min. Backzeit | Ergibt 12 Stück

Anhang

Babybrei-Rezepte nach Lebensmonaten

Breiart	Monat	Seite
Obst-Getreide-Breie		
Apfel-Banane-Hafer (Bircher Müsli)	5	40
Aprikosen-Hirse-Hafer (Süßer Aprikosen-Haferauflauf)	5	119
Banane-Birne-Reiswaffel (Reiswaffeln Panama)	5	118
Apfel-Mango-Amaranth (Obstsalat)	6	46
Himbeer-Hirse (Himbeer-Hirsotto)	6	122
Mirabellen-Hafermilch-Aprikose-Grieß (Hafermilch-Grieß-Brei mit Mirabellenmus)	6	43
Apfel-Dinkel (Applecrumble)	7	126
Kirsch-Melonen-Zwieback (Erfrischender Früchtedrink)	7	125
Feigen-Couscous-Kokos (Warmer Kokos-Couscous)	8	50
Obst-Polenta-Mandelmus (Polentaschnitten mit Fruchtsoße)	9	130
Milch-Getreide-Breie		
Milch-Birne-Amaranth-Dinkelflocken (Leckeres Schokomüsli)	5	42
Milch-Buchweizen-Rhabarber-Apfel (Buchweizen-Mohn-Grütze mit Rhabarber-Apfel-Kompott)	5	38
Milch-Birnen-Dinkelgrieß (Grießschnitten mit Birnenkompott)	6	110
Milch-Apfel-Feigen-Hafer (Winterlicher Gewürz-Hafer-Brei)	6	44
Milch-Birnen-Dattel-Hafer (Hafer-Dattel-Soufflé)	6	124
Milch-Nektarinen-Amaranth-Reis (Amaranth-Reis-Aprikosen-Kokoskugeln)	6	120
Milch-Zwetschgen-Dinkelflocken (Kastanienmehl-Dinkelflocken-Blinis mit Zwetschgenmus)	6	48
Milch-Reis-Mirabellen (Süßer Reisauflauf)	6	111
Milch-Dinkel-Erdbeere (Erdbeer-Milchshake)	7	128
Milch-Zwetschgen-Reis (Milchreis mit Zwetschgenkompott)	9	132
Vegetarische Gemüse-Breie		
Blumenkohl-Kartoffel (Blumenkohl-Kartoffel-Plätzchen mit Joghurtdip)	5	68
Blumenkohl-Kartoffel (Cremige Kartoffel-Blumenkohl-Suppe)	5	57
Karotte-Kürbis-Kartoffel (Kürbis-Karotten-Kartoffel-Gratin)	5	64
Karotte-Kürbis-Süßkartoffel (Karotten-Kürbis-Süßkartoffel-Suppe)	5	56
Pastinake-Nudel (Pastinaken-Nudelpfanne mit Champignon-Rahmsoße)	5	69
Spinat-Buchweizen (Überbackene Spinat-Buchweizen-Pfannkuchen)	5	66
Kürbis-Karotte-Couscous (Kürbis-Karotten-Feta-Quiche)	6	70
Kohlrabi-Ei-Kartoffel (Kohlrabischnitzel mit Kartoffelsalat)	7	74
Mangold-Ei-Kartoffel (Mangold-Kräuter-Omelette mit Butterkartoffeln)	7	72
Brokkoli-Apfel-Kartoffel (Brokkoli-Kartoffel-Puffer)	8	78

Breiart	Monat	Seite
Gemüse-Grieß-Ei (Grüne Minestrone mit Grießnocken)	8	58
Karotte-Zucchini-Paprika-Nudel (Bunte Nudelnester)	8	76
Erbsen-Karotte-Spinat-Ei-Nudel (Warmer Nudelsalat)	9	82
Gemüse-Hirse-Linsen (Gefüllte Linsen-Hirse-Paprika)	9	79
Zucchini-Paprika-Tomate-Nudel (Gefüllte Zucchini mit Gemüseragout)	9	80
Fleisch-Gemüse-Breie		
Hühnchen-Pastinake-Erbsen-Reis (Pastinaken-Paella)	6	92
Kalbfleisch-Karotte-Reis (Kalbsschnitzel mit Karotten-Safran-Risotto)	6	88
Putenfleisch-Fenchel-Reis (Geschmorte Putenbrust mit Fenchel-Orangen-Reis)	6	89
Rindfleisch-Wirsing-Karotte-Hirse (Gefüllte Wirsingröllchen)	6	90
Schwein-Karotte-Spargel-Hirse (Spargel mit Hirseküchlein und Schweinefilet)	8	94
Hühnchen-Kürbis-Reis (Hühnchen-Kürbis-Risotto)	9	97
Lamm-Rote-Bete-Karotte-Nudel (Rote-Bete-Lamm-Gulasch)	9	98
Rindfleisch-Gemüse-Kartoffel (Babyborschtsch)	10	60
Fisch-Gemüse-Breie		
Lachs-Fenchel-Nudel (Fenchel-Lachs-Tagliatelle)	5	100
Lachs-Süßkartoffel-Zucchini (Süßkartoffel-Lachs-Auflauf)	6	108
Fisch-Zucchini-Tomaten-Erbsen-Graupen (Feines Fischragout mit Graupen)	6	100
Seelachs-Paprika-Zucchini-Reis (Gedünsteter Seelachs mit Gemüserisotto)	8	104
Lachs-Zucchini-Paprika-Kartoffel		
(Lachs-Zucchini-Paprika-Spieße mit Ofenkartoffeln)	9	106
Fingerfood		
Mandelpfannkuchen mit Beerenfüllung	9	51
Toastbrot mit Mandelmus-Apfelkompott	9	52
Familiengerichte*		
Birnen-Nuss-Rahmstrudel	11	112
Brokkoli-Käsespätzle	11	84
Fisch-Kartoffel-Gemüse (Fischstäbchen mit Frühkartoffeln und Marktgemüse)	11	108
Gefüllte Rohrnudeln mit Vanillesoße	11	114
Grünkern-Gemüse-Taler	11	85
Kürbis-Gnocchi in Sahnesoße	11	86
Lachs im Couscous-Gemüse-Kräuterbett mit Erbsenpüree	11	107
Putenbrustmedaillons mit buntem Gemüsereis	11	99

*Ab dem 11. Monat kann das Baby folgende Familiengerichte mitessen, wobei seine Portion beiseitegestellt wird, bevor Speisen stark gewürzt werden.

Rezepte für die Großen von A bis Z

Amaranth-Reis-Aprikosen-Kokoskugeln **120**
Applecrumble **126**
Babyborschtsch **60**
Birnen-Nuss-Rahmstrudel **112**
Blumenkohl-Kartoffel-Plätzchen mit Joghurtdip **68**
Brokkoli-Kartoffel-Puffer **78**
Brokkoli-Käsespätzle **84**
Buchweizen-Mohn-Grütze mit Rhabarber-Apfel-Kompott **38**
Bunte Nudelnester **76**
Cremige Kartoffel-Blumenkohl-Suppe **57**
Dinkel-Mais-Toastbrot **138**
Erdbeer-Milchshake **128**
Erfrischender Früchtedrink **125**
Feine Dinkel-Milchbrezeln **136**
Feines Fischragout mit Graupen **102**
Fenchel-Lachs-Tagliatelle **100**
Fischstäbchen mit Frühkartoffeln und Marktgemüse **106**
Gedünsteter Seelachs mit Gemüserisotto **104**
Gefüllte Linsen-Hirse-Paprika **79**
Gefüllte Rohrnudeln mit Vanillesoße **114**
Gefüllte Wirsingröllchen **90**
Gefüllte Zucchini mit Gemüseragout **80**
Geschmorte Putenbrust mit Fenchel-Orangen-Reis **89**
Grießschnitten mit Birnenkompott **110**
Grüne Minestrone mit Grießnocken **58**
Grünkern-Gemüse-Taler **85**
Hafer-Dattel-Soufflé **124**
Hafermilch-Grieß-Brei mit Mirabellenmus **43**
Heidelbeer-Apfel-Muffins **142**
Himbeer-Hirsotto **122**
Hühnchen-Kürbis-Risotto **97**

Kalbsschnitzel mit Karotten-Safran-Risotto **88**
Karotten-Kürbis-Süßkartoffel-Suppe **56**
Karotten-Nuss-Brötchen **140**
Kastanienmehl-Dinkelflocken-Blinis mit Zwetschgenmus **48**
Kohlrabischnitzel mit Kartoffelsalat **74**
Kürbis-Gnocchi in Sahnesoße **86**
Kürbis-Karotten-Feta-Quiche **70**
Kürbis-Karotten-Kartoffel-Gratin **64**
Lachs im Couscous-Gemüse-Kräuterbett mit Erbsenpüree **107**
Lachs-Zucchini-Paprika-Spieße mit Ofenkartoffeln **106**
Leckeres Schokomüsli **42**
Mandelpfannkuchen mit Beerenfüllung **51**
Mangold-Kräuter-Omelette mit Butterkartoffeln **72**
Milchreis mit Zwetschgenkompott **132**
Obstsalat mit Amaranth-Kokos-Crunchies **46**
Pastinaken-Nudelpfanne mit Champignon-Rahmsoße **69**
Pastinaken-Paella **92**
Polentaschnitten mit Fruchtsoße **130**
Putenbrustmedaillons mit buntem Gemüsereis **99**
Reiswaffeln Panama **118**
Rote-Bete-Lamm-Gulasch **98**
Schnelle Knusperkekse **137**
Spargel mit Hirseküchlein und Schweinefilet **94, 96**
Süßer Aprikosen-Haferauflauf **119**
Süßer Reisauflauf **111**
Süßkartoffel-Lachs-Auflauf **103**
Toastbrot mit Mandelmus-Apfelkompott **52**
Überbackene Spinat-Buchweizen-Pfannkuchen **66**
Warmer Kokos-Couscous **50**
Warmer Nudelsalat **82**
Warmes Bircher Müsli **40**
Winterlicher Gewürz-Hafer-Brei **44**

»Das neue 1 x 1 des Dampfgarens« als Wegweiser für modernes Kochen: erstmals mit Rezepten für den Dampfgarer und den Kombi-Dampfgarer! So kommt neuer Pep in die Alltagsküche und frisch Gekochtes schnell auf den Tisch. Mit vielen praktischen Ideen und Anleitungen, wie man der Figur und seinem Wohlbefinden Gutes tut. Köstliche Gerichte für das ganze Jahr führen durch die Welt der wärmenden Gewürze, kraftspendenden Hülsenfrüchte, selbst gemachten Brote und flaumigen Süßspeisen.
Und hat man einmal mehr Zeit zum Kochen, etwa wenn Gäste kommen, gibt es in diesem Buch gut nachvollziehbare Schritt-für-Schritt-Erklärungen für Ihr perfektes Dinner.

Susanne Kuttnig-Urbanz
Friedrich Pinteritsch
DAMPFGAREN
Schnell, frisch, schlank
Mit Fotos von Gabriela & Günter Jost

160 Seiten, 22 x 22 cm
Hardcover mit Schutzumschlag
€ 19,99 · ISBN: 978-3-85431-618-3

pichler verlag

in der Verlagsgruppe Styria GmbH & Co KG
Wien · Graz · Klagenfurt
www.styriabooks.de

Coverentwurf: Bruno Wegscheider, unter Verwendung eines Fotos von iStockphoto.com/shalamov (oben) und eines Fotos von Simon Vollmeyer (unten)
Layout und Satz: Gabriele Burde, Berlin
Fotos: von Simon Vollmeyer, bis auf die Motive Kirschen und Preiselbeeren im Jahreszeitenkalender auf Seite 34 | 35 (fotolia)
Lektorat: Maria Verde
Druck und Bindung: Druckerei Theiss GmbH, St. Stefan im Lavanttal
ISBN 978-3-99011-056-0

7 6 5 4 3